一流のサッカー人から読み解く、
25のビジネスルール

なぜ君たちは一流のサッカー人からビジネスを学ばないの？

堀江貴文 Takafumi Horie
×
宇佐美貴史 Takashi Usami
川島永嗣 Eiji Kawashima
遠藤保仁 Yasuhito Endo
宮本恒靖 Tsuneyasu Miyamoto
森保一 Hajime Moriyasu

WANIBOOKS

なぜ君たちは
一流のサッカー人から
ビジネスを学ばないの？

はじめに

『なぜ君たちは一流のサッカー人からビジネスを学ばないの？』


足を運んだ書店で、あるいはオンラインサイトで、

『ビジネス書』として分類された本書を見たあなたは、
まずどんなことを思っただろうか。

「一流のサッカー人からビジネスルールを学ぶ？」

「そこにどんな共通点があるの？」

ビジネスとサッカーをうまく頭の中でリンクさせられず、
そんな疑問を抱いた人もいただろう。

あるいは、

「サッカーからビジネスなんて学べないよ」

「ビジネスはスポーツほど単純明快じゃない」

とせせら笑った人もいたかも知れない。

もしかしたら、

「ビジネスとスポーツを一緒にしてもらったら困る」

というような嫌悪感を抱いた人だっていたはずだ。

果たしてそうだろうか。

ビジネスの世界でも、スポーツの世界でも、
何かを極めたい、つまりは『成功』したい、

『一流』と呼ばれる存在になりたいと思う気持ちは、きっと、同じだ。

そして、それを現実とするために、
繰り返し思考をめぐらせ、その時々で必要な手段を的確に選んでいくことも。

それによって、例え何らの成功をおさめたとしても、
その事実に満足することなく再び考え、
更なる高みを目指して、臆することなく新たな挑戦を続けるということも。

その繰り返しの中で、『一流』と呼ばれる人材に育つということも。

だからこそ、『一流』と呼ばれる域に達したサッカー人の声に耳を傾けてみてほしい。

ジャンルにとらわれることなく、それぞれのやり方、生き方で自身のキャリアを築き上げた彼らの『感覚』に触れてほしい。

そこにはきっと、人生のヒントになるような珠玉の言葉が溢れている。

目次

川島永嗣

『世界』で渡り合うための語学の準備

才能を伸ばす評価基準。原点主義と加点主義

経営者の質が会社の明暗を左右する

物事の本質を知る

未知の世界に学ぶ

遠藤保仁

若い世代で『世界』を知る

変化を受け入れ、結果を求める

新たなファンを獲得するためのＩＴメディア

これからのターゲットはアジア

現状に常に危機感を持つ

宮本恒靖

『成功』に近づける戦略をたてる

先を見据えたアジア戦略

グローバル戦略の必要性

世界に勝つための投資

利用者の需要を取り組む工夫

森保一

×

宇佐美貴史

一流になるためのメンタル

多角的なアプローチで資質を伸ばす

バランスのいい生活では『突出』できない

『100分の1×3』の人材になる

世界のスタジアムに学ぶ経営

一流になるためのメンタル

堀江　もっと若いイメージがあったけど、もう24歳なんですね。
宇佐美　そうですね。あっという間に24歳です。
堀江　バイエルン・ミュンヘンに行かれたのは何歳のときですか？
宇佐美　19歳です。
堀江　いいチームに行きましたよね。何かの記事でドイツに行っていた前半は結構大変だったと話されていましたが、実際はどうだったんですか？
宇佐美　前半だけじゃなくて、ドイツの2年間はずっと大変でした。1年目のバイエルンと2年目のTSG1899ホッフェンハイムではまた大変さの中味が違いましたけど。
堀江　メンタル的には大丈夫だったんですか？

宇佐美――正直キツくて、メンタルは結構イカれていましたけど、ひたすら「今は積み上げよう。とにかく積み上げるしかない」と自分に言い聞かせて、小さいことも全てを力にしていこう、みたいな感じでやっていました。結果的に、それが積み重ねになったのかは正直、そのときには分からなかったけど、今なら「少なからず積み上げた財産はあったんやな」っていう風に何となくですが、思えます。

堀江――メンタルがイカれた理由を自分ではどう分析されているんですか？

宇佐美――1年目はバイエルンという世界的にもビッグクラブとして知られるチームに在籍した中で、周りのレベルに対して自分の現実を痛感させられたという感じでしたけど、2年目のホッフェンハイムはまた違いましたね。なんというか…大きく言うと、疎外感を感じながらプレーしていた、と。その中で自分の将来を考えたときに、それでもドイツに残るのか、ヨーロッパ主要リーグの3本の指に入るブンデスリーガからJ2のガンバ大阪に戻るのかどうするんや？　という葛藤に苦しんだキツさもあり…腐ることはなかったけど、でも、少なからず落ちていた自分がいたのは間違いないと思います。

堀江――すごく当たり前のことを聞くようですが、試合に出られるかどうか、と宇佐美——

いうのは誰が決めるんですか？

監督です。それは日本も同じで、基本は監督が全権を持っているので。どれだけすごい選手でも監督が「もう使わない」となれば、試合に出られなくなるということは普通にあります。ただ、バイエルンでは唯一、特例を見ましたね。フランス代表のフランク・リベリーっていうトッププレーヤーがいるんですけど、あるカップ戦で、ドイツの2部のチームと試合をしたときに、試合終了間際にフリーキックのチャンスがあったんです。それをリベリーが蹴ろうとしたらハインケス監督がベンチから「お前は蹴るな！」と。それでドイツ代表でトニ・クロースっていう、これまたフリーキックの名手に蹴らせたんです。その時点でリベリーはめっちゃキレていて、監督に向かって「俺が蹴るって言っているのに、何やねん！」的に激怒していたんですけど、トニ・クロースが蹴って壁に当たって外れたら、更に怒りが増したみたいでベンチに向かって「だから言ったやろ！」と（笑）。結局その試合は違う選手が点を獲って勝ったんですけどね。でも、ベンチに戻ってもリベリーの怒りはおさまらず「外で試合を見ているだけのお前が口出ししてくるな！　ピッチで戦っている選手には選手にしか分からないフィーリングがあるんだ。お前は外で見ているだけなんだから、それが分からないだろ！　俺らはお前の言いなりで、犬みたいに走らされているし、戦っているのは俺らなのに、そんなときだけ偉そうに入ってくるな」と、もうすごい剣幕でぶちまけた。

堀江　そんな風に監督に文句を言う選手は結構いるんですか？

宇佐美　いやいや、基本はいないです。さっきも言ったように、基本は監督が全権を握っていますからね。文句を言って選手に得になるようなことはないですから。しかも、この話にはまだ続きがあって。リベリーに対して監督が「じゃあ、口出しもしないけど、お前も使わへんぞ」となったんです。でもリベリーは全く動じずに「分かった。じゃあ勝手にしろ、出て行ってやる」と捨て台詞を吐いて、着替えをすませて、バスに乗り込んだ、と。でもリベリーってバイエルンの中でも圧倒的な存在感を放っている選手で、誰が見てもキーマンの1人ですから。これはやばいぞ、どうなるねん!?　と思っていたら、監督がリベリーに「俺が悪かった」と謝りに行ったんです。「おいおい、謝るんかい」と(笑)。普通なら絶対にあり得ないことですからね。でも、監督も冷静に考えてリベリーに出て行かれたら不利益しかない、それなら謝ろう、と思ったんでしょうね。その監督の器の大きさというか、潔さにもびっくりしたし、そう言われたリベリーも、監督の顔こそ全く見なかったものの、手を差し出して握手をした、と。で、次の試合から普通にスタメンです。

堀江――すごい話ですね。それはリベリーだから、ということですよね。

宇佐美――そうです。だって、その年のリベリーは神がかっていて、大活躍でしたからね。でも普通は、その状況になったら、間違いなく監督はそのままリベリーを干して、移籍リストに載せて「彼はもうこのチームにいらない選手だよ」という意思を示して、放出になります。「俺の言うことが聞けないなら出て行け！」と。そういう意味では当時のハインケス監督もすごいなと思ったし、リベリーもそういう監督の信頼を感じたんでしょうね。その年のバイエルンは、チャンピオンズリーグも決勝まで行ったし、翌年もほぼ同じ顔ぶれで同大会を優勝して、ブンデスリーガ、カップ戦も獲って『トレブル（三冠）』を達成し、ハインケス監督はそれで引退して、翌年からはジョゼップ・グアルディオラ監督（現マンチェスター・シティ）がくるって…格好よすぎるでしょ!!

堀江――その話を聞いて思うのは、宇佐美さんがすごい時代にバイエルンに在籍したんだなということです。

宇佐美――めちゃくちゃいいときにいましたね。そういう意味ではいい経験と…でも試合には全く絡めなかったので、結果的には、貯金をしに行ったみたいな感じです（笑）。

堀江――でも、どうなんですか。そのリベリーと自分の間にある差を埋めなきゃいけないわけですよね？　何か圧倒的な違いみたいなものは感じたんですか？

宇佐美――技術的なことや、身体的なこともあるんですけど、あのトップ中のトップの世界でやっている選手のメンタルが違い過ぎましたね。なんていうか…育って来た環境に裏打ちされたメンタリティというか、ハングリー精神って言葉の遥かに上をいくメンタリティですよね。極端な話、同じポジションを争っている選手がいたとして、「そいつを殺せば俺が試合に出られるだろ」「そいつにケガをさせて俺が出て活躍したら、俺に金が入ってくるよな」…と思っているんじゃないかと思うくらいの感じですからね。しかも何がすごいって彼らが一番すごいのは、練習なんです。練習なんだし、試合には間違いなく出場できるんだから少しは手を抜いて、30%とか40%の力で流してやってくれたらいいのに、一切、手を抜かないですから。これはリベリーだけじゃなくて、アリエン・ロッペンにしても、みんながそうです。だから勝ち目はないな、と。アピールしても無理やな、と。いや、そう思っていてももちろん、自分もやるんですよ。でも結果、彼らが練習でも一番アピールするし、目立つし、試合に出たら一番輝くっていう…もう太刀打ちできないです。

堀江――そうなると、やっぱりどんなにトップレベルでもメンタルが大事だということになりますよね。

宇佐美――そうですね。でもリベリーの場合は何かちょっと…メンタルという言葉ですませられないものを感じますけどね。彼って確かすごく貧しい街の出身者で、顔の右頬に大きな傷があるんです。その傷というのも、子どものときに遭った事故でついたらしく、でも、ケガを治すお金がなくてそのまま放置していたら、ああなったそうなんですけど。そういう意味では…育った場所だけが影響している訳ではないとは思うんですけど、正直、めちゃめちゃぶっ飛んでいますよ。だから常識もなければ、知性のかけらも感じないみたいな行動もするんですが（笑）、でも、サッカーをやらせたら恐ろしいくらいのすごさを感じます。

多角的なアプローチで資質を伸ばす

堀江――でも今後再び『世界』を目指すのなら、そいつらと戦っていかなきゃいけないわけじゃないですか。しかもそれに抗うためには、個人の能力をなんとかするしかない。要は、そこに抗うために欠けているものを身につけていかないといけないっていうことだと思うんですけど、それは何だと思いますか。

宇佐美――もちろん、フィジカル的な部分の強化は必要だと思います。

堀江――でも、身長や体重って、そんなに変えられないじゃないですか。やっぱり限界があるというか。身長なんか伸ばそうと思って伸びるものでもないし、体重も重くすればいいってものでもない、と。となると、それ以外の工夫がいるというか、超えるための策が間違いなくいりますよね。

宇佐美──そう思います。なので実は最近、フィジカル的なことだけじゃなくて、スポーツ生理学みたいなところに取り組み始めているんです。一説によるとＤＮＡ的に、筋量のキャパって人種によって全然違うらしくて。そうなると日本人が海外の選手がもっているフィジカル量をつけるのは難しいし、つけられたとしてもつけた状態で機能的に動くのは難しい、と。自分自身のことを考えても、例えば海外の選手がバーンと当たりに来たときに、それを跳ね返す筋力をつけた上で今のスタイルを維持できるかといえば、おそらくそれは難しいというか。実際に僕も以前、一気に筋量を増やすアプローチをして「これじゃないな」と感じましたしね。じゃあ、どうするんや、となったときに散々考えて辿り着いたのが、自分が動かしたいように動かせる身体を作るのが一番なのかなと。そこに行き着いたときに、たまたま見たテレビ番組でイチローさん（マイアミ・マーリンズ）が似たようなことをおっしゃっていたんです。要は、日本人選手がメジャーリーグに移籍した途端に一気に体重をあげるのをどう思うか、みたいな話だったんですけど、イチローさんは「身体の大きさ、関節の大きさを人間は変えることができないのに、筋量だけを増やそうとしたら、身体が悲鳴をあげてケガをするのは当たり前でしょ」と。だからもっと違うところに目を向けた方がいい、と言っていた。というのもイチローさんってプロ野球選手の中でも細い方じゃないですか？ なのに無理に身体を大きくしないのは、もともと自分が持っておかなければいけないセンサーがどんどん失われてしまうから、という理論に基づいてのことらしいんです。この話にヒントを得て、突き詰めていったら、人間の身体って筋力を使わずに出せるパワーが多分あるはずだ、と。簡単に言うと、勉強したり、フォームとして取り入れることで、自分の動かしたいように身体を動かせるようになる、みたいな。もちろんこれは僕の勝手な考えで間違っているかもしれないし、いざやってみたら違った、ってことになるかもしれないけど、やるに越したことはないというか、やってみないと分からないってことたくさんあるので、とりあえず取り組んでみようと思っています。

堀江――視力というか、目の影響とかはどうなんですか？

宇佐美――それもあると思います。実際、最近は目を鍛えている選手が多いですからね。視野を広げていくためのトレーニングとか、動体視力をあげるトレーニングとか。脳をトレーニングしてる選手もいるし。うちのチームメイトに丹羽大輝っていう、ユースの先輩で、とびきりの変態がいるんですけど（笑）、彼は「俺は脳を鍛えている」と言っています。

堀江――どんな脳トレをしているんですか？

宇佐美――簡単に聞いたところによると、それこそ教材を渡されて、それを解いていくとか、脳に刺激を与えるとか。あとは、自分の脳をいかにポジティブに持っていくかってトレーニングもしていましたね。例えば、朝起きたところから始めるらしいんですけど、まず、目覚めたときに「今日は最高だ」って、思う、と。要は意図的に、脳をポジティブな思考にすることで「今日も、最高の1日だな！」というところから1日がスタートし、それによって、サッカー然り、サッカー以外の時間も然り、いいエネルギーをどんどん自分に取り込んでくみたいな感じらしいです。そのせいか…あるいは、意図的か、彼の場合、どんな悪い内容の試合をしたあとでも、大敗を喫したあとでも、どえらいポジティブな言葉しか聞こえてこないですからね。しかも彼はそのアプローチを重ねて、日本代表にも入りましたから。近くの僕から見たら気持ち悪さしかなく…いや、認めているんですよ、彼の努力のすごさを。ただ、その努力の仕方が一般的ではなさすぎるから、気持ち悪い、みたいな（笑）。って話がそれましたけど、要はその脳トレも含めて、もはやプロサッカー選手がするべきアプローチってその域にきていると思うんです。もちろん、技術を磨くとか、プレーの質を高める努力をするとか、そういうことはプロならみんな当たり前にやるじゃないですか？　しかもプロになるくらいの選手を見比べても、そこまで技術的に大きな差があるとは思わない。例えば「このボールをあそこにこの高さとスピードで蹴れ」と言われたら、間違いなく殆どの選手が蹴れますから。じゃあ、どこで違いを作るのかと考えれば、同じ局面でボールを持った時に、「ここ通せればチャンスやな」って思えるか思えないかとか、視界の広がりとか、視野のとりかたとか、もっといえば性格とか、癖みたいなものが全部あわさって『個性』になる。じゃあ、そのプレー以外のところをいかに鍛えるの？　って考えていった結果、僕は身体の内部構造に行き着いたというか。例えば『ここを柔らかくしたら、こういう動きがやりやすくなります』『この筋肉が硬くなったらこういうプレーへの弊害が出てきます』みたいなことも含めて、ちょっとスポーツ生理学的な勉強をしようかなと思い始めています。それを学ぶことで、身体に備わる機能をあますことなく使えるようになるような気がするから。

堀江　その話を聞いて思い出したのが、コブクロの小渕健太郎さんの話なんですけど。あるとき、僕の友人のミュージシャンから「僕の唯一の取り柄の声が出なくなった。助けて」っていうLINEがきたんです。しかも「コブクロの小渕さんが同じ病気になって、克服したらしいから紹介してほしい」という無茶ぶりつきで（笑）。で、小渕さんに連絡をとったら「いいですよ」と二つ返事で快諾してくださったので、話を聞いたら要は声のイップスだったんですね。イップスっていうのは、精神的な影響によってゴルフとかで急にパターが打てなくなったりする運動障害なんですが、声にもイップスがある、と。というのも声帯っていうのは筋肉で、歌手になるような人はすごく柔らかくて大きな声帯を持っているんですね。プロのスポーツ選手が柔らかい、プルップルの筋肉を持っているのと同じです。

宇佐美――プルップルですよね？

堀江――僕もよく、筋肉が柔らかいと言われます。

それは一般人の筋肉とは全く違うもので、プロゴルファーの丸山茂樹さんの筋肉なんかも触らせてもらったらプルップルというか…めっちゃ柔らかくてしなやかでした。それと同じで歌手の人の声帯も、触れはしないけど、実はすごく柔らかい、と。しかも、声帯って小さな筋みたいなのが手までつながっているらしいんです。じゃあ、なぜ小渕さんはなぜイップスになったかと言うと、男の子と女の子の双子が生まれて、二人を片腕ずつで抱っこしていたら、二人の成長スピードが違うものだから次第に左右のバランスが崩れて、それが声帯に影響を及ぼして声が出なくなった、と。実際、病院で声帯を調べても全く傷ついていないし、何も問題ないって言われたらしいですしね。だから仕方がなく、ステロイドで緊張を和らげるとかそんな対症療法をしていたけど、全然治らないから、最終的には自分で15種類くらいのエクササイズを生み出して、それで回復させたそうです。簡単に言えば、声を再構成させるってことなんですけど、声って実はすごく面白くて。歌がうまい人の声の出し方って基本的にはみんな同じらしいんです。でも、じゃあ、なぜあんなに声に違いが出るのかといえば、口腔内の動かし方、使い方で声が変わるらしい。それを知った小渕さんは、とりあえず歌がうまい有名人の声の出し方を全員、研究した、と。福山雅治さんの口腔内の動かし方、桑田佳祐さんの口腔内の動かし方、という風に全部やってみて、最後に自分の曲を聴いて自分の声に戻したそうです。この話を聞いたときに、僕がすごくいいなと思ったのは、そんなことを研究している人ってあんまり多くないってことなんです。いろんな先生に話を聞いたり、調べたりしていたら、声帯と手の筋肉がつながっていることが分かったけど、それについての詳細を研究した人は1人もいない、と。それで彼は…というかやっぱりある分野で一流になる人ってすごいんでしょうね。自分でそれを調べて、回復のためのエクササイズ方法まで全部、自分で研究して、克服した、と。もっとも、サッカーの場合はメジャースポーツなので調べていけば、多方面から研究されているとは思うんですけど、そういう文献を漁って、一つ一つの動作を分解していってみると、もしかしたら今までになかった視点が出てくるかもしれません。

宇佐美――だから最近はよくトレーナーに聞くようになりましたね。「こういうときってどこが働いてるの？」とか。「ここをスムーズに動かすときはどこを鍛えればいいの？」とか。で、自分のパフォーマンスがいいときのプレーを見返すと、上半身と下半身がリンクしているときの方がいいのかと思いきや、僕の場合は必ずしもそうじゃないということが分かったりもしましたしね。

堀江――あと、もしかしたら食べ物とかを考えてみるのも、面白い視点が発見できるかもしれない。というのも、これはまた全然、ジャンルの違う話なんですけど、最近、世の中に出回っているブロイラーの鶏肉がうまくな

宇佐美

ったんです。それはなぜかというと、新潟大学のある先生が発見したんですが、ある種のアミノ酸を、屠殺する10日前くらいから投与し始めると筋肉中のアミノ酸量とグルタミン酸と呼ばれる旨味成分が、1・5倍に増えた、と。それに基づいて、鶏が食べる餌にあるアミノ酸をちょっとだけ多く添加するようになったら、鶏肉が一気に美味しくなったそうです。それと同じで、人間の筋肉も栄養の与え方、摂り方で筋肉の質が変わるかもしれないので、食べる物と疲労の関係を考えてみるのもいいかもしれません。実際、いい筋肉を持っている人って乳酸が溜まりにくいっていいますが、そのいい筋肉を作るための食べ物を考えてみるとかね。だって、さっきの鶏肉の話だって、ちょっと考えれば分かりそうなものなのに、最近まで誰も研究していなかったんだから、意外と当たり前のことのようで気づいていないことってあるはずです。

そう言えば、僕は普段から全然疲れないんですよ。っていうか正確には疲れているかどうかの実感がない。よく報道陣にも日程がタイトな時期になると決まって「疲れていませんか?」と聞かれるんですけど、正直、疲れている実感がない。いや、厳密には疲れているんでしょうけど、体感疲労がないというか。みんなが「もう試合をするのは無理や」とか「へ堀江――とへとや」とか言っていても「え？　そんなに？」みたいな感じになる。とか言いながら、いざ試合をしてみたら筋肉疲労が残っていたことに気づいたりもするんですけど、試合までのアプローチの中では疲労を感じないから、正直、気づかないことが多いんです。

宇佐美――それは要するに乳酸が溜まりにくい、いい筋肉なんだと思いますよ。奥さまがいい食事を作ってくれているんじゃないですか。

堀江――あれ？　嫁の手柄ですか（笑）。まあ、そういうことにしておきましょう。

宇佐美――でも科学的なトレーニングを突き詰めていくというのは、これまでトップアスリートがなかなかやってこなかったことなので、やる価値はあるかもしれないです。

堀江――そこはやってみたいですね。だからスポーツ生理学みたいなのを教えてくれるいい先生がいないか探しています。

宇佐美――そこは教えてもらうというより、共同研究をやったらいいと思いますよ。自分の体を実験台にして。そうやって科学の力でフィジカルなパフォーマンスを上げていくのは、僕はすごく面白いアプローチだと思います。

バランスのいい生活では『突出』できない

堀江――さっきリベリーの話のときに話題にのぼったメンタルの話を少ししたいんですが。スポーツにおけるメンタルの影響ってやっぱり大きいと思いますか？　例えば日本代表戦があったとして、残り5分で、あと1点入れなきゃいけないみたいな状況になったとしますよね。あるいは逆のパターンで、1点入れられたら困るみたいな状況でもいいんですけど、そういうときに、集団でメンタルが弱くなっているなと感じることってあるんですか？

宇佐美――うーん。どうですかね。自分のことは分かっても、全員のメンタルが見えるわけじゃないので、正直、分からないです。

堀江――例えば、ちょっと古い話になりますが、ドーハの悲劇で、最後に同点ゴールを入れられたじゃないですか？　あれはメンタル的な影響もあったのでしょうか。

宇佐美――あれはまたちょっと違う気もしますけどね。僕はその場で戦った訳じゃないからあくまで想像ですけど、あのシーンってアディショナルタイムに不意を突かれて、ショートコーナーを蹴られたじゃないですか？　セオリーで考えれば、アディショナルタイムで、時間も殆どなかっただけに、ショートコーナーではなく普通にコーナーキックを選択するはずなんですけど。だってショートコーナーにしてそれでプレーが終わったら最悪ですからね。なのにショートコーナーを選択されて、みんなが「え?!」ってなった瞬間を突かれて、決められた。そういう意味では、どちらかというとメンタル的に縮こまって起きた悲劇ではないと思います。ただ、よくメンタルが大事だ、メンタルが大事だって言う声を聞きますけど、それってそんなにも意識しなければいけないものなのかな、っていう疑問はあって。だって、プロの世界に生きていれば、「試合に勝ちたい」なんて気持ちは当たり前のように湧いてくるし、より高いレベルでプレーしたいというような向上心だって誰しもが持っているものですからね。そう考えると、僕はさっき話したような自分が思いつく限りのアプローチをやって、それを自信に変えていくしかないと思っています。

堀江　メンタルが強いか、弱いか、で言うなら宇佐美さんはどちらだと思いますか。

宇佐美　強いと思います。

堀江　それってどうやって強くなったと思いますか？

宇佐美　育って来た過程でしょうね。僕の場合、自分でも「なんで？」って思うくらい子どもの頃から親にも、指導者にもめちゃめちゃ厳しく育てられたし、殴られましたから（笑）。そういう中で「なにくそ」と思う気持ちが備わるようになったのか…。その時はそんな風に考えたことはなくて、ただただ、なんでやねん！　って感じでしたけど（笑）、今になって考えると、そう思います。

堀江　それはガンバのアカデミーの指導者ということですか？

宇佐美　いや、ガンバには中学生の時から加入したので、その前の、小学生の時に所属していた長岡京SSの監督です。僕の6つ上にはのちにガンバでも一緒になる家長昭博くん（大宮アルディージャ）がいて、その人はマジで天才だったんですけど、僕と家長くんは長岡京SSの同じ監督に育てられたんです。それもあってか周りからはよく比較されたんですが、監督にはいつも「家長は天才だけど、お前は天才じゃないから努力しないとすぐに消える」って言われていました。実際、家長くんは天才だったのでそれは分かるんですけど、でも一応、僕もエースじゃないですか？　なのに、僕は常に「そこまで言わなくていいんちゃうの？」っていうくらいコテンパンに怒られまくっていました（笑）。

堀江――それはなぜなんですか？

宇佐美――分かりません！　でも長岡京SSのみならず、今もそうですけどとにかく僕はどの監督にもボロカス言われます（笑）。サッカー選手の中にも言われるキャラ、言われないキャラがあって、僕はどちらかと言えば後者に見られがちなんですが、結果、ものすっごい、言われます（笑）。

堀江――日本代表でもそうですか？

宇佐美――ボロッカスですね。ヴァヒド・ハリルホジッチ監督にはめちゃめちゃ怒られます。だから言われないキャラになりたくて、そのように振る舞うことにトライしたこともあったんですけど、その振る舞いにすらブチ切れられていましたからね。で、もうお手上げやから、受け入れよう、と（笑）。でもそうやって指導者の方に言われて、怒られて「すぐにお前なんか消える」と言われた恐怖心が、自分の原動力になってきたところはすごくあります。

堀江　―　恐怖心？

宇佐美　―　はい。何て言うか…サッカーで突出した存在でいられなくなる自分への恐怖心ですね。だから努力ができるんだと思います。別に「これだけやったから、この見返りが欲しい」みたいな感覚は全くないんですけど、でも、努力をしなかったら自分はどうなるんや？　って考えたら怖くて努力せずにはいられません。

堀江　―　その気持ちはわかりますね。分かるというか…僕の場合は恐怖心ではないですけどね、不安も別にないですし。でも、なんか、やっちゃうみたいな（笑）。やらずにはいられないということだと思います。さっき親にもよく怒られた、とおっしゃっていましたけど、ご両親も厳しい方なんですか。

宇佐美　―　厳しいか厳しくないかで言えば、厳しいとは思います。お父さんは。でもお母さんは、基本、面白いだけです（笑）。

堀江　―　お母さんはおいくつくらいですか？

宇佐美　―　54歳ですね。うちは兄が2人いて、僕は3番目です。

堀江　この間お話させていただいた遠藤さんも3人兄弟だとおっしゃっていましたね。

宇佐美　プロサッカー界って多いんですよ、3人兄弟が。しかも長男がプロになっていることは少なくて、ほぼ次男か三男です。

堀江　上のお兄さん2人は何をしているんですか？

宇佐美　長男が税務署で次男が宅配便の会社で働いています。

堀江　サッカーはされていたんですか？

宇佐美　やっていました。次男がちょうど、さっき話した家長くんと同じ世代で、その家長くんはガンバジュニアユース時代に本田圭佑くん（ACミラン）とチームメイトでした。

堀江　それ、ネットで見ましたね。でも…本田さんは…めちゃくちゃ変わっていますよね。考え方も含めて、あんなサッカー選手は見たことがない。僕がやっているロケットの会社の話をしたときも、めちゃめちゃ興味を示してくれていましたからね。

宇佐美　僕も宇宙、好きです。

堀江　そっちのタイプですか（笑）。じゃあ、うちのロケットの打ち上げも見に来てくださいよ。

宇佐美――めっちゃ行きたいです。

堀江――今年中にはとりあえず、宇宙空間まで行ってすぐ帰ってくるロケットを飛ばすので。人は乗れないですけどね。乗れないっていうか、小さい人なら乗れますけど、ただ戻ってくる保証がありません。

宇佐美――確か、スペースXは行って戻ってくるロケットを作っているんですよね。

堀江――そうです。最高経営責任者であるイーロン・マスクは僕の1歳上なんですが、彼は面白いですね。彼が作っているのは再利用型のロケットなんですが、僕たちは本当に使い捨てのペラペラのロケットを作ろうと思って、ちょうどいま取り組んでいる最中です。

宇佐美――それって1回飛ばすのに、どのくらいの費用がかかるんですか？

堀江――ものの大きさとかにもよるし、人を乗せて飛ばすのかとか、いろんな用途によっても違います。ただ、僕らは革新的に安くしようとしているので。いわゆる、昔の『写ルンです』とか、フィルム付きのカメラって分かります？　あれってフィルムと同じ値段で、普通に撮影できたじゃないですか？　ああいうのを作りたいと思っているんです。『写ルンです』と同じで、ちゃんと写るならボディは紙でもいいんじゃないか、みたいな発想です。宇宙に行けるんだったら、別に性能が悪くても飛べばいいじゃん、みたいな。そんな考えでロケットを作っているって話していたら、本田さんも食いついて聞いてくれました（笑）。

宇佐美――さすが、圭佑くん！　あの人は変であることに美徳を感じていますからね。「変だから何？」みたいな。変が一番でしょみたいな。だからちょっとややこしい（笑）。

堀江――（笑）。でも本田さんをみていると、最近はサッカー選手も変わってきたな、と思いますね。カズさんとかを見ているとそんな気は全くなさそうですけど…でも、まぁ、カズさんはすごい人なんですけどね。

宇佐美――そうですね。これまではサッカー選手はサッカーで、って考え方の人が多かったけど、最近は少し変わり始めましたね。でも圭佑くんは10代の頃から変わっていましたよ。18〜19歳の頃にみんなが『ViVi』とか女性のファッション誌を買ってきて見ているときも、圭佑くんだけ『PRESIDENT』を読んでいましたから（笑）。早くない?!　と（笑）。僕の先輩で圭佑くんと一緒にプレーしていた人も、「俺らがヤングジャンプを回し読みしているときに、あいつだけは回し読みに加わらずに『PRESIDENT』を読んでいた」って言っていました。結果、『PRESIDENT』にゾッコンやったということでしょうね（笑）。

堀江　（笑）。僕も小学校のときに『ＰＲＥＳＩＤＥＮＴ』を読んでいましたけどね。

宇佐美　ここにもいた（笑）！

堀江　いや、それは本田さんとは違うんですよ。うちは親が田舎で小さな会社の社長秘書みたいなことをやっていて、その社長が読み終わった『ＰＲＥＳＩＤＥＮＴ』をいつももらって帰ってきていたから、たまたま読んでいただけです。僕らが子どものころは、歴史に学ぶみたいなことがすごく流行っていたんですけど、僕は、それが正直あまり面白くなくて。人とは全然違うページを見ていたりしていましたね。それは、運動が得意じゃなかった分、勉強の方でなんとかしないとダメだろうなって思っていたからかもしれません。だから、小学生時代に将来の夢を作文に書いたときも、周りの子たちがプロサッカー選手とか、プロ野球選手とか書いている中で、僕は実業家と書きました。だって、そっちの分野に行かないと、絶対に突出した人材にはなれないと思ったから。そもそも、サラリーマンになったらダメだとも思っていましたしね。

宇佐美　その時点でもう突出しようとは思っていたのが驚きです。

堀江　いや、正直、勉強は小学校の頃は本当に死ぬほどできたので。普通の公立の小学校に通っていたこともあって、本当に突出しているレベルでできていたんです。だけど、運動は勉強ほどできないというか、勉強では絶対にトップになれるのに、運動ではトップになれないというのが、すごく悔しくて。しかも、どの種目をやってもトップになれなかったですからね。それもあって、当時から運動に対する自己評価がめちゃめちゃ低い。大人になっていろんなスポーツをやってみると人並みにはまあまあできるんですけど、当時は勉強と比べていたから余計に、自己評価が低かったんだと思います。宇佐美さんはサッカーは当然すごいですが、勉強はどうですか？

宇佐美 ── 全然です！

堀江 ── でも、全然って思うのは、サッカーと比較するからだと思うんです。

宇佐美 ── ただ、僕は子どもの頃から「プロサッカー選手になりたい」ではなく「プロサッカー選手になる」と自分の中で決まっていたので（笑）。勉強ができないことは全然気にならなかったです。

堀江 ── 僕はそれがなかなか見つからなかったんです。勉強はできるけど、それで突出するにはどうすればいいのか、という方法や対象がなかなか見つからなかった。そんなときに、たまたまインターネットに出会って、いろんなことをずーっと、ずーっと考えていろんなことを試していたら、宇佐美――ある日突然、ブレイクしたんですよね。なかなか成果は出なかったけど、何かがポンと抜けた瞬間があって、そこからドドドっといろんなものが自分の中から溢れ出した。宇佐美さんにはそういう瞬間ってありました？

堀江――ん〜、どうでしょうね。

宇佐美――っていうことは、これからまだその瞬間がくるということかもしれません。

堀江――でも僕も、考えることはずっとしています。常に、サッカーのことは考えています。

宇佐美――そうやって、ずっと考えていると、何かどこかでブレイクスルーする瞬間が出てくる可能性があるんですよね。ゾーンに入るじゃないですけど。「うおー、出てきた、出てきた」みたいなことが起きる。だから、考え続けていなければいけない。でも普通の人って基本、あまり考えていないですよね。バランスのいい生活をしているからだと思うんですけど。

堀江――そういえば、最近の調査結果で「スマホばかりいじっている子どもは生活習慣がなっていない」みたいな結果が出たんです。でも、僕はこれって変だなと思って。だって、バランスのいい生活なんかしていたら、これからの社会でおそらく得をしないと思うから。だって、バランスがいいってことは、全てにおいて突出するものが何もないという状態ですから。それでも、今のようにここまでグローバル化が進んでいない時代なら、そこそこの暮らしはできたはずなんです。先進国に生まれて、バランスのいい生活をしていたら、年収500〜600万は稼げて、家も買えて、車も家族も持てるみたいな、そこそこの生活が送れていた。でも、これからの時代って、世界70億人の人たちと競争しなければいけないですからね。だって、よりハングリー精神のある人がスマホでササっとググって「先進国の人たちは、先進国に生まれたというだけで、なんでこんな贅沢ができるんだ」みたいなことを感じて対抗意識を燃やしてくるじゃないですか。なのに、そんなバランスのいい生活をしていたら絶対に勝てない。そう考えると、今の時代っておそらく教育のやり方が間違っていると思うんです。僕もそうだったんですけど「パソコンばかりやっていると成績が落ちる」って言われ、親にパソコンを捨てられた。でも、正直、別に学校の成績なんかどうだっていいんですよね。僕は結果としてIT企業を作れたわけだから、極端な話、中学を出ていれば十分だったはずなんです。でも、そうじゃないという教育をされて育った分、結果的に5〜6年は回り道をして、そこに辿り着いた。でも本来なら、才能をいかせるものがあるなら、それで勝負すればいい。確か、宇佐美さんも、飛び級でずっと育ってきたんですよね？

宇佐美――そうです。中学3年生でユースチームに昇格し、高校2年生でトップに昇格しました。もっと遡れば小学生の時からずっと飛び級だったようなもんですけどね。

堀江――でも普通の親ってそれを快く思わないじゃないですか？　人と違うことを善しとしないというか。

宇佐美――そうですね。でも、うちの場合は全く反対しなかったです。ユースに昇格する時点で、高校もガンバに決められた通信制の高校に行くことが決まっていたんですけど「ガンバに言われたなら、そうしなさい」的な感じで言いなり。うちの両親ってもともとガンバファンなんですよ。それもあって、ガンバのことを神のような存在だと思っているから、ガンバがOKだと言うことはすべてOKでした（笑）。

堀江――宇佐美さんが物心ついたときからガンバファンだというのはそのせいなんですか。

宇佐美――そうです。両親に連れられて赤ちゃんのときからゴール裏にいました。

堀江　僕自身は、Jリーグの前哨戦としてJリーグヤマザキナビスコカップが行われた年に生まれたんで、言うなれば、ガンバと同時に生まれて、ガンバとともに成長したみたいな感覚です。

宇佐美　まさにJリーグの申し子ですね。

堀江　スタートは両親の影響ですけど、ずっとガンバを見て育って、ファンになって、アカデミーに所属して、プロになって…という感じですからね。ガンバ以外のことは考えられない、という感じで大人になりました(笑)。

『100分の1×3』の人材になる

堀江　今の宇佐美さんを語る上で、僕は、そのお父さんとお母さんがガンバファンであり、ガンバを崇拝していたというのは非常に重要な要素だったと思います。だって、もしそうじゃない親だったら、大半が「サッカー選手なんかなれっこないよ」とか「なっても大して活躍できないでしょ」とか、「ケガしたら終わりだ」とか「サッカー選手では食べていけないでしょ」と考えたはずですから。そこから発展して、「プロなんて将来、どうなるか分からないんだからとりあえず大学だけは出ておきなさい」とかね。

宇佐美――我が家では聞いたことのないワードばかりですね。

堀江――そこって実はすごく重要なターニングポイントなんです。だって、今の時代、宇佐美さんのようにサッカーの才能がある子どもって、実は割といると思うんです。でも、サッカーだけをやっていないというか。サッカーはうまいけど、結果的にはバランスのいい生活をして、とりあえず大学に行って銀行に入ってみたいな人が多い。それってやっぱり親の影響が多分にあるんですよね。でも宇佐美家は違った。違ったから、宇佐美さんはトップアスリートになれたと僕は思います。

宇佐美――うちは、極端でしたけどね（笑）。だって「同級生に迷惑をかけない程度に学校に行けばいいんちゃうか」って言っていましたから（笑）。というのも、あるとき、学校の先生に言われたんです。「お前はもう未来が決まっているのかもしれないけど、他の子はまだ何も決まっていない。

堀江

なのに、友だちは、お前が学校にきたら、勉強をそっちのけにしてでもお前としゃべりたい、遊びたいってなってしまう。それでもし友だちが行きたい高校に行けなくなったら、友だちの人生が壊れてしまうやろ？だから、お前は友だちの人生を壊さないために、受験の時期は学校に来ないでくれ」と。それを家に帰って親に報告したら、普通の親ならブチ切れるじゃないですか？　なのにうちの親は、「そうやな。毎日の練習も遅くまでやっていて貴史も疲れているやろうし、朝はゆっくり寝て、せめて昼くらいから学校に行ったら？　全く行かないのもなんやから、同級生に迷惑をかけない程度に行ったらいいやん」って言いましたからね（笑）。で、僕も「分かった」と。結果、中学生のときは、ある時期だけ昼から行っていたので、ほぼ遅刻扱いでした（笑）。でも、お母さんは「こうなったらもう仕方ない。サッカーでとりあえず最後までやりきりなさい」と、いたって涼しい顔でした。

最高ですね。でも、そういう生き方ってこれからの時代こそ、すごく大事だと思うんです。高校なんか別に年を取ってからでも行けるし、それこそ最近は、ニコニコ動画を運営する株式会社ドワンゴがN高等学校っていうのを作ったじゃないですか？　あそこって、確か16〜84歳くらい

宇佐美

までの生徒がいる通信制のネット高校なので、高校に行きたいと思ったらそういうのを利用すれば、いつでも行けます。だからこそ、まずは自分の才能を突出させられるものを見つけるべきだと思います。で、そういうものが見つかったのなら「とりあえず、それをやろうよ」っていう風に親や先生の思考も変わっていくべきです。普通であること、バランスのとれた生活を送った方がいいなんて考えは捨てて、むしろ、バランスなんてとることを考えずに、才能を磨くべきです。だって、人間の能力って限界がありますから。勉強もやってサッカーもやって、バランスのとれた食事を摂って、遅刻もするな、友だちとも仲良くしろ、って詰め込み過ぎたって「ああ～無理だ」ってなるだけですよ。

僕は「バランスをとらないでおこう」と思って学生時代を過ごしていた訳ではないですが、中学のときから、サッカーを頑張ろうと思うほど、自然と勉強とのバランスがとれなくなっていました。だって、あるとき海外遠征のため1ヶ月間、学校を休んだら、どえらい授業が進んでいましたからね。ちょうどそのときに円周率の『π《パイ》』の話が出てきたタイミングだったのですが、数学の授業中に当たり前のように『π』がでてきて話が進んでいくんですよ。でも僕にしてみたら「ちょっと待って、π

ってなんのこと?」って感じでしたからね。そのときに、僕はこの世界では戦えないと確信し、勉強は諦めました。「サッカーでいくからいいわ」と。

堀江——僕は、その対象がパソコンでしたね。2年間くらいだと思うんですけど、起きているときはずっとパソコンの前っていうような生活を続けていたら、成績が急降下した。そしたら…僕は進学校に通っていたんですけど、入学するまではすごく成績が良かったのに、入った途端にパソコンに惹かれるわ、視力も悪くなるわで、黒板が見えなくなってしまって。しかも眼鏡をかけるのが嫌で、裸眼で頑張っていたもんだから、どんどん見えなくなり、それもあってあんまり勉強しなくなった。しかも、パソコンはたった1つで世界を変えられる箱じゃないですか⁉ これはすごい、と夢中でやっていたら、更に成績が悪くなり、最終的には親にパソコンを捨てられた。…っていうくらい、うちの親はごくごく普通の親だったので。僕が何をいっても世間が言う通りに「勉強するのはいいことだ」の一辺倒でしたからね。でもそれも面白いもので、僕がいい大学に入ると何も言わなくなったんですけど。でも結局、その大学時代にこっそり会社を作って、大学を辞めようとしたら、大学の教授から親に電話が入り、またそこでひとモメでした（笑）。

宇佐美――大学の時に会社を作ったんですか？

堀江――そうなんですよ。大学がつまらないから行かなくなっちゃって、しかも大学の勉強より会社のほうが全然楽しいから、そっちばっかりやっていたら卒業できなくなっちゃったってオチです。だから、結果的には自分からやめたんですけど、バレるまでは親には内緒にしていました。だって、一般的な親って、絶対にそういう生き方を応援してくれないと分かっていたから。特に僕らの世代はまだ、そうやって突出した子どもを作ることがいいことだとはされていない時代でしたしね。教育界の常識としてダメだと。でも、最近はそういう流れも少し変わってきた気もするんですけどね。そう言えば、奈良一条高校の校長先生になった藤原和博さんという人がいるんですけど、その人ってもともとリクルートの営業マン出身で、リクルートを辞めたあと、教育界で教育改革をしたいと宣言して、杉並区立和田中学校で、東京都における義務教育初の民間人の校長先生になった人なんです。その人がいま、オンライン予備校『受験サプリ』とコラボしてスタディサプリというのをやっていて。学校の先生の授業ってすごくつまらないけど、予備校のすごい人気の先生…それこそ林修先生とかってすごく授業がうまいから、今はスマホのアプリで各科目の人気の先生の授業を見て、勉強している子がすごく増えている。しかも、月額980円で見放題ですからね。今では自治体ごとにスタディサプリを入れている学校もあったりして、教育界も少しずつ変わりつつあるんです。

宇佐美――すごいねえ。

堀江――例えば数学だって、下手な先生が教えると、全然つまらないし興味が持てないものになってしまうけど、面白い先生が教えると全然変わりますからね。

宇佐美――僕、物理好きです。

堀江――面白いね。物理が好きなんだ（笑）。

宇佐美――そこまで詳しくはないですけど、物理学に関する本を1回読んで、面白さに開眼しました（笑）。

堀江――それもきっと物理学の伝え方なんですよね。普通に堅苦しいことを書いても、つまらないけど、例えば身近なもので物理学を伝えたら、興味の惹かれ方が大きく変わってくる。例えばスマートフォンには傾けると動くアプリってあるじゃないですか。じゃあ、それはなぜ動くの？　ここにセンサーがついているからだよ。じゃあセンサーってどうやって作るの？　シリコンで作っている半導体なんだよ、と。半導体って何ですか？　電気を通したり通さなかったりする物質です、みたいな。そういう風に物理を伝えていくと、興味が持てるものになるのに、最初から「フレミングの左手の法則が…」なんていわれたら、訳が分からなくなるじゃないですか？　今の時代、少々のことはネットでググれば出てくるんだから別に左手や右手を使って覚える必要はないですしね。それよりも、身近なものが実は物理の法則で動いていますとか、量子力学の世界で動いています、みたいなところから入っていくと、すごい興味が沸くと思うんです。実際、いい先生というのはそういう教え方をしますしね。話を戻すと、藤原先生というのは「これから価値のある人間になるにはどうしたらいいのか」という授業をアクティブ・ラーニングという手法でやるんですね。まず、彼は100分の1の掛け算を教えるんですよ。100分の1の掛け算というのは、100分の1の人材になるのは割と簡単ですよと。何かで学年で1番になるのは、その分野を何時間か集中してやれば、100分の1の人材には結構なれる、と。例えば勉強で学年1位になるとか、サッカーで学年1位になるっていうのは、努力をしたら何とか達成できるものなんです。１００人に１人しか持ってない資格を取るのも同じで、努力をすれば意外とできる。つまり、１つのことに２～３年、時間をかけて集中すれば１００分の１の人材になれるから、そういうものを３つ、作りましょう、と。つまり…１００分の１×１００分の１×１００分の１っていくつですか？

宇佐美――計算は無理なので、続けてください（笑）。

堀江――１００×１００は１万で、１００００×１００は１００万なので、１００分の１の才能を３つ作れば１００万分の１の人材になれるということなんです。しかも、できればそのうち２つの１００分の１は近い分野がいいんです。例えば、勉強ができて税理士の資格を取りましたとかね。で、もう１つは全く別のもので１００分の１になりましょうと。そうすると、結果、どうなるかと言えば、自分が１００万分の１の人材になれるんです。その１００万分の１の人材ってオリンピックで金メダルを取るくらいの確率です。そうなれば、すごく稀有な人材になれる。

宇佐美――じゃあ僕にはサッカーがあるから、あと２つっていうことですか。

堀江――いやいや、宇佐美さんはすでに１つのことで１００万分の１の人材になっているから、それでいいんです。そういう特殊な才能を持っている人は1つで100万分の1になれるけど、普通の人には無理だから、3つの才能を持ちなさいということです。実際、あるリクルートの後輩が、藤原さんの家に行ったときに息子さんがずっとスマホをいじっていて、それ以外に見向きもしないのを見て「なんて教育者だと思った」っていう話をしていたんですけど、僕はそれこそが本当の教育者だと思うんです。それによってきっと息子さんは100万分の1の才能を見つけると思うから。そう言えば、話が少し逸れますけど、コンビニの店員さんって時給が低いんですが、なぜだか分かりますか？　結構やることは多いんですよ。商品が来たら並べて、弁当の賞味期限をチェックして、唐揚げを揚げて、時間が来たら商品を入れ替えて。最近はドーナツまで売り始めたし、電気料金の支払いやtaspo（タスポ）で年齢確認をしたり…すごい業務種類の数なんです。なのに時給が低い。その理由は分かりますか？　コンビニの店員さんに限らず、時給が高いか低いかの軸というのは、そのパラメータで決まっているんですが…。

宇佐美――何だろう…。逆に時給が高い仕事を聞いたら分かるかな。時給が高い仕事ってなんですか？

堀江――宇佐美さんのプロサッカー選手というのもそうですよね。特に日本代表クラスのプロサッカー選手は時給が高い。あと、そういう特殊な才能がなくても高い時給を貫える職業となると、外資系のコンサルタントとか。

宇佐美――分かった。誰でもできるし、替えが効く。

堀江――そう、誰でもできる仕事、というのがポイントです。訓練したら誰でもできる。要はコンビニって完全にマニュアル化されているから、替えが効く仕事なんです。

宇佐美――この人じゃなければいけないというものがないから、やめたいならやめればいいよ、ということですね。

堀江――極端な話、人間じゃなくてもロボットでもいいような仕事なんですよ。でも、これからの人材には、そうじゃない才能が求められていて。そうなるためには突出する努力が必要だと思うんです。

宇佐美――堀江さんのようにある意味、突出した人は、更に突出しようと思って生きているんですか?

堀江――確かに、僕は日本ではすごく有名だと思います。経営者の世界とかなら、誰でも知っているはずだし、おそらく道端に寝ている人も知っていると思うんです。だから、日本では何をやるにしても非常にやりやすいんですね。でも、世界ではそうじゃない。だから今は、世界でそうなるためにはどうしたらいいんだろうなと思って、いろいろ考えて試しています。それも結構トリッキーな手を使ってね。例えば王道で言うと、またIT関連のデカい会社を作り、海外に進出するんだろう、的な想像をされるんですけど、それはもう1回やりかけたのでいいかな、と思っていて。だって、同じことをやってもしょうがないから。それで、ロケットだと。ロケットって世界に打って出られるものだし、宇宙空間まで到達したベンチャー企業のロケットって今はまだ片手で数えられるくらいしかいないですからね。その1つに入れれば、国際的にはかなり知名度が上がるんですけど、正直、それじゃあイーロン・マスクとかジェフ・ベゾスに並ぶ王道のやり方だな、と。だから、そうじゃないやり方で、世界で知られる存在になろうと考えて、最近はシェフをやっています。

宇佐美――シェフ!? 料理ですか?

堀江――はい、料理をしているんです。というのも、たまたま日本の和牛を海外に輸出している友だちがいて、彼と一緒にWAGYUMAFIAというユニットを作ったんです。ユニットって別に音楽ユニットじゃなくても、パフォーマンスユニットでもなんでもいいわけですから。

宇佐美――トリッキーに海外に出て行くためめに。

堀江　だって、料理って大統領でも、誰でも必ず食べに来るじゃないですか？　だからすぐに仲良くなれるし、実際に海外って日本以上にシェフの社会的地位が高くて、すごく尊敬されている。フランスのニースに、僕の友だちで松嶋啓介くんというのがいて、彼は以前に1つ星を取ったりしているシェフなんですね。そうすると、彼のお客さんはニースだから、モナコ国王だったりするんです。その縁でモナコ国王のプライベートディナーのシェフをやったり、カダフィ大佐に呼ばれてリビアに行ったり。それこそニースで映画祭をするときにはハリウッドセレブもやってくる。それこそ本田圭佑さんも来るって言っていましたけど。それを聞いて面白いなと思って。

宇佐美　堀江さんは何料理ですか？

堀江　それはなんでもいいんです。でもやるからには本気でやりたいから、わざわざ衣装まで作って、本当にＷＡＧＹＵＭＡＦＩＡのコース料理を作って出すんです。京都の知り合いの秘密のレストランでもやったし、シンガポールやサンフランシスコでも開催したんですけど。そこにシリコンバレーのＩＴ企業のアッパーな方たちを20名くらい呼んで、プライベートディナーみたいな感じでコース料理を振る舞うと、シェフとして認知されるんです。で、「あいつの料理は旨いよね」みたいなところから仲良くなる、みたいな。「あいつの料理は旨いから招いてイベントやろうよ」とかね。実際、京都でやった時もお客さんは8人しか入れなかったんですけど、京都府知事とか京都の全日空ホテルの社長とかが来てくださっていて。結果的に、そのホテルの社長が「これはいいから、次はうちの宴会場で150人くらい招いてディナーショーをやろう」みたいな話になったんです。実際、僕の友だちで、京都吉兆の徳岡邦夫さんという人がいるんですが、彼は世界的にみても超一流の料理人なんですね。星を一人で8個も持っていますから。彼も、確かミラノでやったイベントでシェフとしてデビューをし、以来、世界中で尊敬されています。スペイン、フランス、イタリアなどありとあらゆるところの料理サミットに必ず日本代表で呼ばれていきますからね。そんな彼を見ていて思ったのは、料理もキュレーション時代だな、と。例えば、DJって、世界で一番音楽を知っている人なんですよね。トップDJのパソコンの中には2億曲とか入っているらしいですから。

宇佐美――2億曲⁉

堀江――今のトップDJは…名前を忘れちゃったんだけど、生まれてから今日までに5億曲も聞いているそうですから。

宇佐美――カルヴィン・ハリスですか？　テイラー・スウィフトの彼氏（当時）ですよね。

堀江――そうそう。彼は5億曲とか聞いているから、世界で一番音楽を知っているんです。だから、これから何が流行るのかも彼が一番、知っているし、自分でも流行る音楽を作れるんです。要は「こんな感じの曲を作って」って言って、リクエストをして作ってもらう。例えば秋元康さんの仕事術もそうですよ。秋元さんは、詞は自分で書かれるんですが、作曲はしませんからね。で、「こういう詞書いたから、いい曲をつけて」ってみんなにメールを送り、それぞれが思う曲をどんどん返信してもらって、そこで競争させるんです。だから最近の曲や詞は、結構アウトソーシングされているんですけど。そんな時代だから、有名か有名じゃないかは関係なくなってきたというか、今の時代は、曲が作れるということが誰でもできることになりつつある。以前は、100分の1の才能だったのに、今はそうじゃなくなっていて。売れるためにはどうしたらいいのかというテクニックが、いちばん流行る曲を知っていることや、たくさんの曲を知っていることになっている。だから彼は何十億も稼げるんですよね。5億曲なんて、一朝一夕には聞ける数じゃないから、それが才能として認められる。そのことに照らし合わせて考えたときに、僕も、年間でおそらくは500種類以上のお店に足を運んで食事をしているんですね。

宇佐美――それでいくと、ほぼ外食ですか?

堀江――いや100%外食です。家もないので。

宇佐美――家がない?

堀江――それも新しい生き方なんですけど。だから家財道具はほぼない。定宿のホテルには服を預けたりしていますけど。

宇佐美――いいなあ! 理想的(笑)! 家を持たないことの魅力はどこに感じていますか?

堀江――家を持たないことでのいいことは、まず固定費用がかからない。

宇佐美――そうですよね。ひと月でだいたいどのくらいの金額で生活しているんですか?

堀江――それはホテルのグレードによるからピンキリです。あとはどのくらい出張が入っているか、とか。ずっと借りているわけでもないので。でもそれってコスト云々の理由ではなくて、要は身軽でありたいだけなんですけどね。で、話を戻しますけど、音楽のトップＤＪがそれだけ聞いて、それだけ稼ぐのなら、これだけ外食をしている僕が食のＤＪになるのはアリだなって思うんです。僕ほどレストランに行きまくっている人間はきっとかなり少ないはずだし、極端な話、それだけ行っていればその辺のシェフ以上に知識は豊富ですから。実際、料理人って自分の店があるから、意外と他のお店に食事に行けていなかったりしますからね。もっとも、おいしい料理を作れたり、そこそこのテクニックを持っている料理人って結構いるんですよ。要は料理人としての基本動作ができる人はたくさんいる。でも、それってさきほどの作曲家がいっぱいいるのと同じなんです。でも、何よりも大事な「お客さんが喜んでくれているのか」ということを突き詰めるには、やっぱりいろんな店を知っていて、いろんな味を盗むというか…こういうやり方もあるんだということをいちばん知っている人が絶対的に強いはずなんです。それだけいろんなものを食べていたら、これとこれを組み合わせたら、もっと良くなるんじゃないかっていうアイデアも必然的に浮かんでくるはずですからね。そう言えば、僕、この間、ＷＡＧＹＵＭＡＦＩＡでいちごのデザートを作ったんです。そのときにまず、いちごの皮をむいたんです。

宇佐美――いちごの皮ってなんですか？　ヘタのこと？

堀江――違います、いちごってよくみるとゴマみたいなプツプツしたのがついているじゃないですか？　あれって種なんですけど、なくても良くないですか？

宇佐美――なしで食べたことないから分からないですけど（笑）。

堀江――なしで食べると実は、すごく甘いんです。皮の部分のちょっとしたえぐみとか、種の食感がなくなって、いちご味の桃みたいな感じになる。いちご特有の酸味や渋みがなくなるんですよね。食感もすごい滑らかになりますしね。それをなんで思いついたかといえば、1回だけ足を運んだことのある料理屋で食べたからなんです。そのとき「うわ、美味しいし、面白いな」って思ってアイデアを借りた。それが僕が初めて作ったデザートだったんですけど。というように、それだけ外食していれば料理人にはなれなくても、プロデューサーとか食のＤＪにはなれると思うんです。作るのはテクニックがある人に任せて、自分はＤＪになればいい。しかもシェフは世界で尊敬されている職業ですからね。それでアリだと思ったんです。って話がどんどん逸れていますけど、自分が次の次元を目指そうと思ったら、そんな風に何か別レイヤーのことをしていかなきゃいけないと思うんです。それは宇佐美さんも同じで、今の技術を磨くとか、練習をすることも大事なんだけど、もう1つ高みにあがるためには、もう一つ何かが必要だと思います。さっき話したようなスポーツ生理学的なこともいいんじゃないかと思いますしね。

宇佐美――今のところサッカー以外でやっているのは、ギターくらいやしなぁ（笑）。とりあえずサッカーを別方向からアプローチということで考えてみます。

世界のスタジアムに学ぶ経営

堀江――ドイツのスタジアム事情について少しお伺いしたいんですけど、バイエルン・ミュンヘンのスタジアムの雰囲気ってやっぱり凄いんですか。

宇佐美――まぁ、凄いですね。だってあのアリアンツ・アレーナを作ったときの赤字も、観客収入だけで3～4年で取り返したそうですからね。チケットも人気がありすぎてソールドアウトにならなかった試合がない。だから雰囲気はめちゃめちゃいいですよ。しかも演出がめちゃめちゃ上手い！　スタジアム全体が夜になると真っ赤に光るし、試合前には、緊張を煽るような心臓の鼓動音みたいなのがずっと流れているんです。ドッドッ、ドッドッて。それが、めっちゃ格好いい。で、その瞬間は一瞬スタンドが静かになって、選手がスタジアムに登場した時点でウワ〜っとすごい歓声に包まれる。そして始まる時にはまた音楽がバーンとかかる、みたいな。だからドイツでプレーしている日本人選手も誰もが「アリアンツ・アレーナにきて勝てる気がしない」って言います。しかも、バイエルンは1点獲った時点でアンセムが流れるんですけど、「あのアンセムを聞いた瞬間に、もう試合は終わったなって思う」って。ちなみに、そのアンセムってサポーターが自発的にやっていることではなくて、バイエルンが流しているんですよ。この音楽が流れ出すのにあわせて、スタジアムＤＪが「バイエルン・ミュンヘン！」って言うとスタンドのサポーターがドイツ語で数字の1を意味する「アインツ！」って言うんです。例えば、ガンバ対ヴィッセル神戸に例えると、スタジアムＤＪが「ガンバ大阪」というとサポーターが「1（アインツ）」と応えて、「ヴィッセル神戸」って言うと、たとえ点数を入れられていても「ヌル（ゼロ）！」と応え、最後にスタジアムＤＪが「ダンケ（ありがとう）」って言うと、サポーターが「ビッテ（どういたしまして）！」と言うというのがワンセットなんですけど。これまたドイツ語だから格好いいし、スタジアムＤＪがめっちゃいい声をしているんです（笑）。アリアンツ・アレーナには行ったことがありますか？

堀江　いや、ないです。

宇佐美　あれは必見です。特に心臓の音はすごいなって思う。僕がバイエルンに在籍していた時代は、ホームゲームは常にベンチ外だったので、毎試合、あの心臓の鼓動音に盛り上げられて「これ、いいわ～」ってテンションをあげてもらっていましたから。っていうのも、試合に出場する選手って、そのタイミングはまだロッカーの中にいるから、聞こえないんですよ。でも、僕は不幸にも（笑）、毎試合、スタンドでそれを聞いていましたからね。スタンドで楽しそうにビールを飲んだりソーセージを食べたり、寒いときはホットワインを飲んでいるファンの人たちの様子を…ベンチ外だからこそ味わえるスタジアムの醍醐味を楽しんで…はないな（笑）。

堀江　──（笑）。どのくらいの収容人数なんですか？

宇佐美　──7万5000〜6000人くらいですね。

堀江　──7万で専スタ⁉

宇佐美　──そう。めちゃめちゃすごいです。夜にスタジアムが真っ赤に光るのも、めっちゃきれいなんです。アリアンツ・アレーナは、もう1チーム、1860ミュンヘンという2部のチームが使っているんですけど、そのチームとのダービーマッチのときだけ、青赤に光るんです。で、ドイツ代表が試合をするときは、ドイツ国旗の黒、赤、黄色のカラーになります。

堀江　──格好いい！

宇佐美　──バイエルンのサッカーは面白いし、強いからそれもより格好よく感じるんだと思いますよ。あのスタジアムは「試合前の演出だけは面白いよね」ではちょっと寂しいし（笑）。あと、試合が終わったあとには派手な演出とかレーザービームがビュンビュン飛んだり、花火があがったり、ですね。

堀江　──優勝したときには当然、パレードもしたんですか？

宇佐美　──僕が在籍していたシーズンは、リーグ、カップ、チャンピオンズリーグまで全部2位だったので、一度も優勝していないんです。でも翌年優勝したときは、街中の広場で優勝報告会みたいなのはやっていたと思います。パレードは街がパニックになりすぎるので、していないはずですけど。

堀江――でも、チャンピオンズリーグの決勝は確かベンチに座られていましたよね？

宇佐美――そうですね。

堀江――あれは、どこでやっていましたっけ？

宇佐美――ミュンヘンです。ミュンヘン開催での決勝進出だったのに、PKで負けてしまいました。その日の夜のミュンヘンは、真っ暗でした。ちょうど試合の1週間前くらいからバイエルンキャンペーンみたいなことをやっていて「とにかく赤いものをみんなで着ましょう」みたいなことに始まって、窓からは赤いものを出しましょう、なるべく赤いものを食べましょう、飲みましょう、みたいにとにかくミュンヘンの街を赤に染めようキャンペーンみたいなことをやっていたんです。しかも決勝に進出したもんだから、街はマジでヤバいことになっていた。前日なんて、街中の人がばか騒ぎしていて、バンバン、花火はあがるわ、ビールも呑みまくるわで、どえらい活気に包まれていましたしね。ちょうど僕は街のど真ん中に住んでいたからそれを肌身で感じられたんですけど。なのに、決勝で負けた日の夜は、もう真っ暗です（笑）。街に人っ子1人歩いていないみたいな。こんなことってある？　っていうくらいミュンヘンの街が死んでいました。ミュンヘンの市民全員が喪中みたいな感じです。逆に勝っていたら、想像できないくらいすごいことになっていたと思いますよ。

堀江――すごい経験をしましたね。それに対してホッフェンハイムはどうだったんですか？

宇佐美――ホッフェンハイムは街自体もすごく小さいですからね。人口でいうと3000人くらいしかいないし、選手の殆どがその街には住んでいなくて、隣町のハイデルベルクというところに住んでいるんですけど。それでもホームゲームには毎試合、ほぼ満員でした。スタジアムのキャパが小さくて3万くらいなんですが、いつも2万5000〜3万人は入っていました。

堀江――それってどのチームもそうなんですか？

宇佐美――1部のチームはそうだし、ドイツは2部のチームでもめっちゃ観客を動員しているところもあります。FCザンクトパウリもその1つで、日本人では宮市亮が在籍しているんですけど、めちゃめちゃ人気クラブですからね。そのクラブはシンボルにドクロを掲げていて、それがなぜドクロかと言えば、場所がいわゆる、風俗街というか呑み屋街のど真ん中にあって。お客さんが何せ、荒いんですけど、クラブに対する情熱は半端ないから、2部といえども、毎試合3万人のスタジアムが常に満員になります。ただ、いかんせん、品が全くない（笑）。それでもファンのクラブへの愛情は底がないから、たとえ負けても選手が情熱を持って戦ったのが伝わってくる試合には拍手で「よくやった！」と称えてくれる。で、ファンはそのまま呑みに行って、ばか騒ぎをするみたいな。日本で言うと…歌舞伎町にスタジアムがあるみたいな感じ？　いやもうちょっと治安が悪い感じやから道頓堀にある感じかな（笑）。だから、ベロベロに酔っぱらった人もスタジアムには多数います。おかげで、ドイツ内の殆どのクラブが「あのクラブと一緒にしないでくれ」的な感じで距離を置いている感はありますけどね。だってスタジアム付近の治安ってめっちゃ悪いんですよ。そんなところに絶対に子どもを連れていけないでしょ！　みたいな。でも、街の人にはめちゃめちゃ愛されている人気クラブです。

堀江――他にもいろいろとドイツのスタジアムを見られているかと思いますけど、ドイツと日本のスタジアムの違いってどこにあると思いますか？

宇佐美――まずは全てがサッカー専用ということですね。

堀江――100％？

宇佐美――ほぼそうだと思います。周りにトラックがあるところはほとんどないですから。あと、サッカーの好き度も全然違う気がします。あとドイツってビールがすごい人気じゃないですか。スタジアムにくる人がビールを飲みにきているんじゃないの？　っていうくらいビールを呑みまくっていますしね。だから…どこのスタジアムだったか忘れましたけど、スタジアムの芝の下がでっかいビールタンクになっているらしく、蛇口ひねるとそこからビールがスタジアムに供給されるみたいです。ま、実際、誰もがビールなしでは試合は見れないみたいな感じですからね。それが冬はホットワインに変わり…でも、とりあえずサッカーも好きだし、お酒も好きだから、その二つを同時に楽しめるスタジアムに来る、みたいな。ちなみに、僕もビールの美味しさはドイツで覚えました。日本を出る時はまだ19歳だったから呑めなかったんですけど、ドイツではビールもワインも16歳から呑めるので僕もドイツに渡ってから、19歳で呑み始めました。ドイツって、そもそも国全体がビールと密接した関係にあるじゃないですか。オクトーバーフェストっていうビール祭りが行われたり…みんながビールと密に暮らしている印象もあります。ホッフェンハイム時代は結構家族ぐるみでの付き合いも多かったんですが、平気に子どもにビールを呑ませる親もいましたからね。ドイツ人によると「ビールなら大丈夫」らしいです（笑）。

堀江　なるほど。じゃあドイツのスタジアムはビールには困らない、と。他にはどうですか？　ブンデスリーガにはいい選手がたくさん集まってくるとか、ドイツ代表が強いのはアカデミー世代の育成にお金をかけているからだ、とかっていうのも1つですよね。実際、ヨーロッパって全部、陸路でつながっているから、ジュニアの時代から国際交流戦が普通に行われているそうですしね。それに対して日本は島国で、そういうことがなかなかできなかったけど、最近は日本サッカー協会が少しそこにお金をかけるようになってきてやり始めましたね。でも宇佐美さんたちが子どもの頃はまだ、そこまで国際交流戦を戦う機会はなかったんじゃないですか？

宇佐美――チームとしてはないですね。ある大会を勝ち抜いたら1チームだけ海外の大会に出場できる、みたいなことはありましたけど。あと、個人的にアンダー世代の代表では海外にもよく行きました。

堀江――つまり、代表クラスの選手になれば、その機会があるけど、代表にも選ばれない選手はなかなか海外チームと対戦する機会がない。でも、ヨーロッパは普段から、割と気軽に国際試合をやりやすい環境にありますからね。それに、ドイツの場合はドイツサッカー協会がブンデスリーガに所属するクラブの中で、ジュニア育成に力を入れているチームに予算を傾斜配分するような仕組みがあるんです。ドイツ代表で儲けたお金をそっちにまわしている。だからジュニアを強化するというインセンティブが働いて、結果として代表も強くなるんだと思います。

宇佐美――実際に、各クラブには生え抜き選手もたくさんいますからね。

堀江――そう。そういう意味では、ブンデスリーガはプレミアリーグの問題点を解決したリーグなんですよね。プレミアリーグは外からの選手を入れ過ぎて、ある意味『ウィンブルドン現象』が起きてしまいましたからね。それによって自国の選手がいなくなっちゃったから、あわせて代表も弱くなってしまったけど、ブンデスリーガはその教訓をもとに、育成にお金をかけるようになった。

宇佐美――だから、リーグも、国も強い、と。

堀江――そうです。だからワールドカップで優勝できるんだと思います。

宇佐美――確かにイングランドやイタリアはリーグこそ強くなったけど、代表チームは弱くなりましたもんね。特にイタリアはそうだと思います。

堀江――だからJリーグもそこに学ぶべきだと思いますよ。ホッフェンハイムはどちらかというと下位をさまようチームという印象でしたが、クラブ経営としてはどうだったんですか？

宇佐美――ホッフェンハイムはオーナーがソフトウェア会社のSAPの創業者であるディートマー・ホップさんなんですが、おかげで資金はめちゃめちゃあるんです。ディートマー・ホップさんって今もホッフェンハイムに所属する選手の大多数が暮らすハイデルベルク出身で、自身も少年時代にはホッフェンハイムのユースチームに所属していたんですけど。で、ディートマー・ホップさんが資金援助を行うようになった当時って、ホッフェンハイムはまだ8部くらいで、草サッカーチームくらいのレベルだったはずなんですが、それこそ資金援助を増やすと同時に、チームをどんどん昇格させてブンデスリーガまで辿り着いた。そういう意味では他のチームからめっちゃ嫌われているんですけどね。自分たちで選手を育てるというよりは、お金ですごい外国籍選手をとって、そいつが活躍したらまた売ってお金にし、また新たな選手を獲得して、みたいな感じでチームを強くしていったので。でもめちゃめちゃ資金援助をしてくれていますし、おかげでスタジアムも、クラブハウスも恐ろしく充実しています。クラブハウスの施設だけで言えば、バイエルンよりもいいと思いますよ。クラブハウスには一人一部屋、部屋を与えられていて、午前と午後の練習の合間はそこで休憩できますしね。おかげでディートマー・ホップさんがほぼ、全権を握っていますけど。

堀江　それも1つのあり方ですよね。

宇佐美　だから…年間予算でも、バイエルンと比べるのは酷ですけど、それなりにはあると思います。最近は育成にもお金をかけ始めて、そこから選手も育ってきていますしね。センターバックのズーレという20歳の選手も、ビッグクラブから狙われているって噂です。しかも、ディートマー・ホップさんのクラブへの愛着は深いから、毎試合観に来ていますしね。監督もいま、28歳なんですよ。ユリアン・ナーゲルスマンさんという僕が在籍していた時代にセカンドチームのコーチをしていた人なんですけど。

彼はもともとサッカー選手だったんですが、膝のケガでプレーができなくなり、指導者のライセンスをとってブンデスリーガの最年少監督に就任しました。それもディートマー・ホップさんがこれまで割と革新的なやり方をしてきている流れで、周りに「おおっ！」と思われることをしたいから、というのもあったと思いますけど。

堀江――そういう海外にまた出て行こうっていう気持ちはないんですか？

宇佐美――ありますね。あるっていうか、実際に海外に出て、海外のサッカーの中に普通に入っていけるレベルにならないと話にならないと思っています。

堀江――だって日本にいても、というか、今のJリーグでは世界のトップレベルの選手と戦う機会って殆どないですもんね。それこそJリーグ発足当初のようにすごい選手がバンバンきてくれているのならまた話は変わってきますけど。

宇佐美――昔はすごかったですからね。ジョルジーニョとかエドゥ・マンガ、セザール・サンパイオ、ピエール・リトバルスキー、ドゥンガ、サルヴァトーレ・スキラッチ、フリスト・ストイチコフ…僕はよくいちガンバファンとしてスタジアムに足を運んでいたので、よく覚えています。

堀江――そういう時代がJリーグにもあった訳ですよ。あったんだから、やれるはずなんですよね。お金さえ集めれば。僕は今はチャンスだと思うんですけどね。結局、プレミアリーグがグッと伸びた時期って衛星放送が始まった時期なんです。ルパート・マードックさんのスカイTVが衛星放送を始めたときに、イングランド1部リーグの再建問題が持ち上がり、しかも当時はフーリガンがすごくて荒れまくっていましたからね。そのときにスカイTVがケーブルテレビの視聴者数、会員数を伸ばしたいという狙いから独占契約でプレミアリーグにものすごい額のお金を突っ込んで、そのお金で各クラブが世界中からいい選手を連れてきて、プレミアリーグが急成長した。そういう意味では、今ってちょうどスマホ向けの動画配信が伸びているタイミングで、どこもそれに向けた契約をしたがっているんです。サッカーって、言ってもキラーコンテンツですから。

Jリーグはスカパー！　でJリーグの全試合を視聴できるそうですが、今はスマホ向けの動画配信の会社と大型契約が結べる時代だと思いますし、そういったところと契約してお金を引っ張ってくることができれば、Jリーグも変わる可能性がある。その契約金を各クラブに分配金として渡して、それでいい選手を獲得するということができますから。まあ、国内でそういう流れになれば理想ですけど、それがないのなら海外に出宇佐美――て行くしかないですしね。（編集部注：この取材実施日のあとに、Ｊリーグは7月20日にＤＡＺＮと10年間の放映権契約の締結を発表）

そう思います。そう言えば、本田圭佑くんから数日前にＬＩＮＥがきて。「夏、どうすんねん、海外は？」って聞かれたから「行きたいです」って返事をしたら「どのくらいの覚悟があるの？」と。どれくらいの覚悟があるのって、どういうことなんやろうと思って「覚悟ってどういうことですか？」と聞いたら「金銭面、クラブの順位、クラブの方針、国というワードが挙がってきたので、自分の理想を伝えた上で「やっぱり質は求めたいですけど、今は質よりもとにかくまずは海外に行くことも大事だと思っています」みたいに返事をしたら「その覚悟は大事やな」と。だから「やっぱり海外に出ないと分からないものってありますよね？」と聞いたら「それもあるけど、海外に出ないとすごい奴らと戦えへんやん」と言われて。そうやなと。すごい奴と戦いたいわ、と（笑）。で、最後は「ホンマに夏には海外に出れるよう、いろんなことを備えていこうと思います」みたいに伝えたら、最後の答えがめっちゃ面白くて「協力するわ」と。それってクラブを探してくれるの?! 的な（笑）。まあ、あの人らしいですけどね。

堀江――まあ、クラブのオーナーもしていると考えれば、おかしくはないですけどね（笑）。

宇佐美――確かに！　でも圭佑くんの所有するSVホルンには誘われませんでした（笑）。あと、圭佑くんは海外に出る上で「苦労しに行くな」とは言っていましたね。試合に出れて、おいしいところを持っていけるような国、クラブに行け、と。そしたら世界はどんどん広がるという意味だと思うんですけど、そこは僕も1度目の海外経験を踏まえて、共感できるところです。まあでも、夏には出たいと思っています。（編集部注：宇佐美選手は、この取材実施日のあとに、ブンデスリーガ・FCアウクスブルクへの移籍が決定）

堀江――楽しみですね。

宇佐美――前回よりはいろんなことに余裕を持ってチャレンジできると思いますしね。今回はギターというコミュニケーションツールもある…。

堀江――ギター？　弾かれるんですか？

宇佐美――はい（笑）。気分転換に家でも弾くし、遠征の時にはトラベルギターというコンパクトなギターを持参してホテルで弾いています。でも、みんなに「それなに？」って聞かれたら恥ずかしいから「枕」って答えているんですけど。ＹＡＭＡＨＡと書かれた枕だ、と（笑）。遠征先のホテルって結構暇なので、その時間を使って練習をしています。それに、コード進行が５〜６個しか使っていない曲は割とすぐに弾けるようになるので。

堀江――分かります！　僕もそうです。

宇佐美――ＭＯＮＧＯＬ８００とかね。

堀江――ブルーハーツの「青空」もコード進行が４つで、ほぼ「ＳＴＡＮＤ ＢＹ ＭＥ」のコード進行と一緒ですからね。「青空」だけ「Ｃ＃ｍ」が入っているけど。

宇佐美――ＯＮＥ ＯＫ ＲＯＣＫの「Heartache」っていう歌はご存知ですか？

堀江――いや、知りません。

宇佐美――それもコード４つで、その４つの順番を変えるだけで最後まで弾けるので、めっちゃ簡単です。しかも、すごくいい曲なので、これを初めて弾いたときはうちの嫁さんが「天才やないか！」と絶賛していました（笑）。この曲って、ギターを弾かない人からすると、おそらくすごい曲を弾けるようになったと思われがちなんですけど、実は超簡単なんです。僕も１発で弾けましたしね。しかも、曲が格好いい上に、歌詞がまたいい。

堀江――なので、一緒に歌ってくれる人がいたら、尚更ベストです。覚えます（笑）。しかも、弾き語りのいいところって、ごまかせることですよね。コードを忘れちゃったら声でごまかすみたいな。宇佐美さんは歌は歌わないんですか？

宇佐美――歌はカラオケで（笑）。でも、自分で言うのもなんですけど、めっちゃうまいですよ。だからさっき100万分の1の才能の話になったとき、サッカー以外にあと2つ挙げろ、と言われていたら、ギターと歌を挙げようと思っていたくらいです（笑）。まぁ、全て自己申告ですけどね。

堀江――でも音楽は確かに海外でのコミュニケーションツールになりますよね。

宇佐美――自分も楽しめますしね。だから以前は僕の携帯ってサッカーの動画でパンパンだったのに、最近はそこにギターレッスンの動画が加わるようになりました。ちなみに、最近練習しているのはエド・シーランの「Thinking Out Loud」って曲です…って何の話やねん（笑）！

堀江――でも海外に行くなら、英語の曲もたくさん弾けたほうがいいですもんね。今の時代はいいですよ。コードもネットからとれるし、チューニングもアプリでできるから。

宇佐美――そうなんです。しかも、それで周りの選手との距離を縮めるためのツールの1つになるなら一石二鳥だなと。なので今後は、ギターが弾けるプロサッカー選手として新たな地位を確立したいと思います。

堀江 ―― 頑張ってください。

× 川島永嗣

『世界』で渡り合うための語学の準備

才能を伸ばす評価基準。減点主義と加点主義

経営者の質が会社の明暗を左右する

物事の本質を知る

未知の世界に学ぶ

『世界』で渡り合うための語学の準備

堀江　海外でのプレーは何年になりますか？

川島　2010年の夏にリールセSK（ジュピラーリーグ）に移籍したので、5シーズン目が終わったところです。

堀江　語学が堪能だとお伺いしましたが、ベルギーに行かれたのがきっかけですか？

川島　それもありますね。ベルギーは多言語ですしね。

堀江　公用語はワロン語とフラマン語でしたっけ？

川島　そうですね。

堀江　海外に行かれる前にも語学には興味があったんですか？

川島　もともと英語は日常会話レベルでは話せましたが、あとはプロになってすぐにイタリアに留学させてもらったことがあったんです。その時に多少は勉強しました。中学、高校あたりは全然、勉強も得意じゃなかったんですけどね。

川島 いや、そこは関係ないですよ。だって語学ってある意味、学問というより、自然に人間が覚えるものだから。実際、日本人で日本語をちゃんと喋れない人っていないですよね。障害などがあって喋れないという人はいますけど、多くの人が当たり前のように喋れるんだから、やる気になって覚えれば、できないことではないと僕は思います。じゃあ、英語とイタリア語からスタートしたんですね。でも、何かに5カ国語を操ると書いてあったのを読んだのですが…。

堀江 そのイタリア語を学んだときに、同時に5カ国語くらいを学びました(笑)。というのも、イタリア語を覚えたいと思ったときに本屋さんに行ったら、いろんな語学の本が並んでいたから。そこで「どうせなら、他の言語も一緒に勉強しようかな」と思って始めたら、なんとなくうまくいきました。そもそも、僕は飽きやすい性格ですからね。イタリア語を勉強していて、分からなくなったらスペイン語に行って、行き詰まったら英語やポルトガル語を勉強して…っていう感じでグルグルとまわしながら勉強していたら、意外と一気に覚えられたというか。例えば、一度、イタリア語から離れてスペイン語やポルトガル語を学んだあとに、またイタリア語に戻ってくると「ああ、こういうことか」って分かったりもしますしね。

堀江　──確かに、言葉同士を比較すると分かることってありますよね。それに、今おっしゃった言葉は英語以外全て、元はラテン語だから、基本は同じですしね。

川島　──堀江さんもいろんな言葉を話せそうですね。

堀江　──僕は世界のマーケットシェアを考えて、英語とスペイン語だけは分かるようになりました。中国語は最悪、漢字が読めれば何とかなるかな、と（笑）。それでだいたい世界シェアの7〜8割くらいの言葉は抑えられるはずですから。あとはラテン系だから何となく似ているし、単語も殆ど一緒だからわかるよね、みたいな。フランス語だって、発音こそ変わっていますけど、結局は一緒ですからね。例えばクーデターって、スペイン語だと「Golpe de Estado（ゴルペ・デ・エスタード）」って言うんですけど、クーがゴルペ、デがデ、エターがエスタードでゴルペ・デ・エスタード。そうやって考えると川島さんが同時に言葉を勉強されたことも頷けます。

川島――確かに、そうやってつながりますよね。

堀江――やっぱり、海外で活躍しようと思ったら言葉は必要ですか。

川島――僕の場合はキーパーなので、喋れないと話にならないです。指示も出さないといけないし、味方に文句を言わなきゃいけないし。

堀江――文句を言うんですか（笑）？

川島――もちろん言います。「もっとこうしろ」と言うのは、言葉で伝えないと分からないので。それに喋れないと…サッカーのプレーって一瞬じゃないですか。だから、その瞬間に言わないと結局、自分にツケが回ってくるんですね。例えば「右だ！」っていうことを言おうとして、その瞬間に「右ってなんて言うんだっけ？」とかって考えていると、その間にもうボールが来ているというか、自分のところで相手選手と1対1という状況になってしまう。そう考えても、話せないとちょっと難しいです。

堀江――でも、昔に比べると、海外でプレーするスポーツ選手の意識ってすごく変わりましたよね。例えば、全然ジャンルが違うけど、ゴルフのジャンボ尾崎さんって一時期、すごいゴルファーだったじゃないですか。でも、語学の壁があるのか、アメリカに行くとあれだけ実力があったのに、全然活躍できなかった。でもゴルファーだって最近は、石川遼くんがスピードラーニングのCMに出るくらい、英語が普通に話せるじゃないですか。そう考えると日本人アスリートの意識もずいぶん、変わってきたんだなって思います。

川島――おそらく石川くんは、そういう尾崎さんたちの姿を見ていて語学の必要性を感じたのかもしれませんね。僕も以前、川口能活さん（SC相模原）がキーパーとしては初めて海外に挑戦されていたときに「キーパーはコミュニケーションがとれないと海外では通用しない」っていうのを聞いていて。自分が実際に海外に行ってみると、言葉さえ話せればいいって訳でもないけど、でも、自分の実力だけで勝負するには最低限、言葉が必要だと感じていましたからね。そう考えると、先に挑戦した人がいたのは、石川くんにとっても僕にとっても、すごく大きなことだったと思います。

堀江――それはあるでしょうね。海外でのプレーはもともと目指されていたのですか。

川島――最初はすごく抽象的な目標でしたけど、01年にイタリアに留学をして、向こうのキーパーと一緒に練習したことで「日本人のキーパーでもやれるんじゃないか」って思うようになり、それ以来、頭の片隅にはありました。というのも、向こうのキーパーってすごく力強くてパワフルですけど、繊細さに欠けるんです。逆に、日本のキーパーは繊細さはあるけど、力強さがない。それを踏まえて、両方をミックスしたキーパーになれば、日本人キーパーでも海外で通用するんじゃないかと思っていました。

堀江――サッカーにおけるキーパーってものすごく特殊なポジションじゃないですか。

川島――かなり特殊ですね。

堀江――ある意味、全然違うスポーツのようにも感じるんですが。

川島――僕も違うと思います。だからこそ、同じ『海外移籍』といっても、日本人のフィールドの選手が海外に行くのと、キーパーが海外に行くのとでは、全然違うと思いますしね。だって、フィールドの選手なら、そこまで言葉が話せなくてもプレーすればできてしまう部分もありますけど、キーパーだと言葉が話せなければ、絶対に無理ですから。もちろん、フィールドの選手だって、より高いレベルに行こうと思うのなら絶対に話せるべきですけどね。共通認識とか、お互いの感覚を研ぎすませていく

堀江　には、直にコミュニケーションをとれた方が間違いなくいいわけだから。

川島　そんな特殊なポジションなのに、どうしてキーパーになったんですか？

堀江　僕は昔からキーパーをやりたかったんです。

川島　「お前はデカいから、キーパーね」的にやらされた訳ではなく？
じゃないんです。どちらかというと、そう言ってやらされてキーパーになる人のほうが多いみたいですけど、僕にはそういう感覚はなくて、友だちと集まってサッカーをするときはいつも「俺がキーパーをする！」と志願していました。小学生のときはフィールドもやったことはありますけど、フォワードとして点を決めるより、シュートを止めるほうが楽しかったですしね。

堀江　じゃあPKとかのシーンも大好きだったりしますか？

川島　大好きか…ん〜どうでしょう。

堀江　だってPKになったら、絶対的にキーパーの力が大きく働くじゃないですか。試合を決めるのはキーパーだと言っても過言ではないくらいに存在感をアピールできる。

川島　でも、そういう時ってだいたい止められないんですよ。

堀江　（笑）。

川島　自分の気持ちがそういう風に傾いているときほど、止められないんですよ。

堀江　じゃあ、PKは運だ、みたいな感覚で臨むんですか。

川島　運ももちろんあると思います。でもどちらかというと、そのときの精神状態というか、どれだけ相手を冷静に見られるかということが結果に反映されるんじゃないかと思います。

堀江　PKって何か理論化されていることってあるんですか？

川島　パーセンテージで確率論を言ったりもしますけど、そこまで具体的に解明されているわけではないと思います。例えば一口に「軸足のほうに蹴ることが多い」と言っても、選手によって助走の入り方も違うし、蹴るときにどうやってフェイントをかけるのかも違いますからね。傾向としてのパーセンテージはありますけど、100%確実なものはないと思います。

堀江　蹴る人がどんな傾向で蹴ってくるのかということは、だいたい把握してゲームに臨んでいるんですか。

川島　テクニックのある選手だったら例えば、真ん中に蹴ってくることも多いとか、キーパーの動きを見て蹴るタイプなのか、違うのか、くらいの情報はありますけど、でも、キッカーだってその時々で駆け引きをしてきますからね。だからこそ、その時々でどちらに蹴ってくるのか自分が判断して、決断しなければいけないと思っています。実際、試合前にキッカーの映像を見せられて「この選手はキーパーの右側に蹴っていることが多いぞ」と聞いていたところで、キッカーだってスカウティングされているのを想定して蹴ってきますからね。敢えて、いつもの逆に蹴る選手もいる。となると、やっぱり最後はその場での自分の判断になると思います。

堀江――普段からＰＫの練習って、いろんなパターンを想定してされるんですか？

川島――もちろn練習するときもありますけど、考えすぎると逆にとれなかったりもしますからね。僕の場合は、ＰＫのシーンでは自分の力を信じるしかない、という感覚で臨んでいます。他のシーンであれば、ポジショニングや構え、来たボールをキャッチするのか弾くのかという技術的な要素や判断など、もっと根本的に突き詰めていける部分はあると思いますけど、ＰＫに関しては本当にその瞬間の感覚が大事になってくるので。
例えば、２０１０年の南アフリカワールドカップの決勝トーナメント１

回戦で、ＰＫ戦の末にパラグアイに負けたときのように、方向は合っているけどボールに手が届かないという経験をすれば、次は「感覚は今のままでいいけど、もう少し早く動いてボールにアプローチする必要があるな」と感じることができるから、動きを早めることを意識するじゃないですか？　そうすると相手のキッカーは…特に海外の選手は、そういうところでの落ち着きがすごいから、キーパーがどんな変化をさせているのか、どんな飛び方をしているのかを良く見て自分の蹴り方を変えてきたりしますからね。僕の動きが早くなったから、僕が先に動くのを待って逆を突こう、とかね。だからこそ、その瞬間の判断しかないと思います。

才能を伸ばす評価基準。減点主義と加点主義

堀江　じゃあ、キーパーの能力って、どういうところで評価されるんですか？例えば日本代表のゴールキーパーって、ほとんどの場合、同じ選手がやっていて、なかなか交代するタイミングってないじゃないですか。しかも所属チームでは、普段の練習の評価の対象になるのかもしれないけど、代表になるとそうそう練習する時間もないですよね。じゃあ、どうやって1人を選ぶのでしょうか。

川島　それって僕が日本でプレーしていた時代に感じていたジレンマでもあるんですが、結局、日本の評価基準って減点主義だと思うんです。だからミスをしなければOKだし、平均的な資質が高ければ評価されます。ミスをしなければ良いキーパー、安定しているキーパーだ、と。そもそも

キーパーに対しての評価がそういう見方でしかないんです。でも、海外は違って「どれだけ難しいシュートが止められたか」とか「チームが危ない場面でどんな仕事ができるか」というところが評価の対象になるんです。だから、最初から「このキーパーなら、それくらいのことはできるだろう。その上で、このプレーはどうだ？」という感じで評価されます。例えば海外のキーパーってたまにすごくミラクルなセーブをしたりするじゃないですか？　あれも評価の1つで、ああいうプレーをできるかどうか、その資質があるかというのも評価対象になるから、平均的に能力の高い選手より、少々荒削りの選手の方が試合に起用されることもあります。

堀江　要するに「そんなのもセーブできちゃうの？」みたいなことですよね。

川島　そうです。実際、平均的に能力の高いキーパーって、意外と大事な場面で止められなかったりするんですよ。それに、そういう選手ってミスが少ないから控えに置いて、何かアクシデントが起きたときに出場させる方がいいだろうと思われてしまう。僕がリールセでプレーしていた際にも、それを示す面白い出来事がありました。当時は僕が正キーパーを預かっていたんですけど、控えキーパーに誰を置くかという話になった。

そのときは、僕以外に若い20歳の選手〈A〉ともう少し年齢が上の選手〈B〉がいたんですね。〈A〉はポテンシャルは高いけれどすごく荒削りで、〈B〉はいろんなことが平均的にまとまっている選手で、練習でも常に安定感のあるプレーをしているから間違いなく〈A〉よりもよく見えるんです。その2人について、あるときキーパーコーチが僕に聞いてきたんです。「川島は〈A〉と〈B〉のどちらのキーパーがいいと思うか？」と。といっても、選手を選ぶのは監督であり、キーパーコーチだということが分かっていたので、僕は素直に自分の考えを伝えたんです。「ポテンシャルとしては〈A〉が高いし、彼は成長したら間違いなくいいキーパーになる。でも、現時点でいいのは〈B〉だと思う」と。結果、どうなったかといえば、僕が在籍している間は20歳の〈A〉をずっと控えに置いていて、その後、僕が同じベルギー国内のもう少し大きなクラブ、スタンダール・リエージュに移籍するタイミングで、リールセは〈A〉をスタメンで起用するようになって、一昨年、去年とレギュラーとして定着するようになりました。確かチャンピオンズリーグにも出場していたし、ベルギー国内でも優勝を経験したはずです。つまり何が言いたいのかというと、要はヨーロッパってその時々のプレーだけで判断するのではなくて、将来性を含めて総合的に選手を評価することが多いということです。

堀江　「いつかはすごいGKになるだろう」ということも見越して、選手を起用したり、評価したりすると。

川島　あと、そこには多少なりともメディアの影響もあるかもしれません。実際、日本と海外ではキーパーに対するメディアの評価に決定的な違いを感じたことがあって。というのも、僕がベルギーのリールセでプレーしていたときに、ある試合で0－7で負けたことがあったんです。でも、僕はその試合のMVPに選出された。要は7失点こそしたけど、それ以外に決定的な相手のシュートを10本くらいセーブしていたのを踏まえ「川島がキーパーじゃなかったら7失点では済まなかった。この試合で一番、印象的だったのは彼のパフォーマンスだ」と評価してもらった。でも日本ではその試合のことを「川島7失点」としか報道されませんでしたから。そういう違和感は日本でプレーしていたときも何度も味わいました。例えば僕がものすごいファインセーブをしたとしても、報道は「相手FWが決定的なシーンを外した」としか報道しない。つまり、それこそさっきの話ではないですがPK合戦になって、分かりやすく相手を止めるくらいのことがあれば、キーパーもフィーチャーされるんでしょうけど、試合の流れの中でキーパーにスポットが当てられることは、ほぼありません。

堀江――サッカーのキーパーって野球でいうところのピッチャー的なポジションじゃないですか。しかも、これは僕が野球ビジネスに参入しようとしたときも考えたことですが…野球って完全なピッチャー勝負の世界ですよね。ピッチャーが点を獲られなければ負けない訳ですから。サッカーでいうところのキーパーにもそれは言えませんか？　だって、キーパーが点を入れられなければ負けない訳ですから。しかもサッカーって野球のようにボンボンと点が入るスポーツではなく、1点がものをいうスポーツですよね。そう考えると、キーパーに課せられた役割ってものすごく大きいように思うんですが。

川島――間違いないですね。だから良いチームには必ず、良いキーパーがいます。

堀江――しかも野球のピッチャーなら先発がいて中継ぎがいて、クローザーがいるみたいな感じで、役割分担が当たり前になっているし、先発だって10人近い選手でローテーションしているじゃないですか。でも、サッカーのキーパーってチームに1人ですよね。もちろん、所属選手でみれば4

人くらいいるのかもしれないけど、実質、ほぼ1人で1シーズンを戦わなければいけない。それってすごいことだし、おまけにめちゃめちゃ責任重大なポジションなんだから、サッカーチームってもっとキーパーの重要性を考えるべきじゃないですか？　いや、考えるどころかもっと投資してもいいように思います。

川島　それは日本のJリーグが、ですか？

堀江　いや、世界的に見ても、です。

川島　そうだと思います。

堀江　ですよね。ちなみに、海外におけるキーパーの地位ってどのくらいのものなんですか？　例えば、そのチームの年俸ランキングみたいなものがあったとしたら、上位にいるのでしょうか。プロスポーツって金額で判断されるから、それを明確にするのが一番分かりやすいと思ったのですが。

川島　海外のリーグだと、その国のトップクラスのクラブチームに行けば、確実にいいキーパーがいるし、高く評価してもらえます。おそらくは金額的にもトップクラスの年俸をもらっているはずです。また僕自身のことを言えば、具体的な数字は言えませんが、ベルギーのチームに所属している際は、チームの中ではトップクラスの金額をもらっていたと思います。

堀江――日本のJリーグだとどうですか？

川島――かつては、Jリーグでもナラさん（楢崎正剛／名古屋グランパス）が1億超えになったという噂を聞きましたけど、今のJリーグのGK事情は正直、よく分かっていないです。

堀江――ちなみに、僕の中でのキーパーって、最後尾にいて試合を俯瞰で見られるという意味では、いわゆる現場監督的な役割だと思っているんですけど、それはあっていますか。

川島――確かに、そうかもしれないですね。最後尾から見ている分、ピッチのどこで何が起きているのかも明確に分かりますしね。よく一方的に自分たちが攻めている試合になったときに「攻めているときはやることがないですよね。何を考えているんですか？」的に聞かれたりするんですけど（笑）、実はそうではなくて。自分のチームが攻めている際に、相手選手がどういうポジショニングをとっているのかを見て、次に起こりうることを想定しておかなければいけないし、例えば、「この攻撃をしているときにボールを相手に奪われたら、こっち側に攻めてくるだろうからリスク管理をしておけ」みたいなことも指示として出しておかなきゃいけないですからね。キーパーがその指示をするかしないかでも、次の流れが変わってくるのがサッカーですから。逆に、守備のときは、味方のポジショニングがちょっとずれただけでも、クリアできるはずのボールがクリアできなかったりするので、それも的確に指示を送るようにしています。

堀江――そういう話を聞いていると、さっき野球で言うところのピッチャー的なポジションだと言いましたけど、実際はピッチャーとキャッチャーの役割を1人で担っているようなものですね。って考えると…やっぱり日本はもっとキーパーの重要性にスポットを当てるべきだし、更に言えば、育成年代のキーパーの教育から力を入れてもいいような気がしてきました。

川島――それは僕もそう思います。ヨーロッパだと育成年代でいいキーパーがウジャウジャいるから、その年代から競争が激しいんですね。でも日本の場合まだキーパーの文化が確立されていないというか…さっきも話したようにヨーロッパとは評価の仕方が全然違ったり、チームの中での重要性みたいなところもヨーロッパほど感じられないですからね。だから「お前はデカいからキーパーね」的な扱いになるんだと思います。そういう部分が変わっていけば、もっとキーパーへの注目度も上がるはずだし、そうなればGKを目指す子どもたちも増えるといういい循環は起きると思います。

堀江――いまは割と平均的にそこそこできる選手ばかりが評価されているけど、そういうところに注目していけば、もっと荒削りだけど個性の強いキーパーが生まれるかもしれないですしね。

川島――そこは確実に取り組むべきだと思います。

堀江――ヨーロッパだと育成年代から「俺は、キーパーをやりたい！」みたいな子どもが多いんでしょうか。

川島――多いですね。日本だと、さっきも言ったようにどちらかと言えば「やらされる」ポジションですけど、ヨーロッパはプロの世界でのキーパーの評価が高いことにも付随して、子どもたちのキーパー人気も高いし、憧れられるポジションでもある。そこは日本と決定的に違います。だからヨーロッパの少年サッカーチームの練習なんかをたまに観に行くと、キーパーの人数がめちゃめちゃ多いです。日本だとせいぜい1学年に2人くらいだと思いますけど向こうはウジャウジャといますから。だから競争も生まれるし、いいキーパーも育つんだと思います。それは、さっきの話じゃないけど、メディアなどのキーパーに対する評価の影響もあるはずですよ。日本だと「決められてしまった」というようにネガティブな表現をされることが多いけど、ヨーロッパでは「すごいセーブでピンチを救った！」みたいにポジティブに表現されることが多いから、子どもたちもキーパーに憧れるんだと思います。

経営者の質が会社の明暗を左右する

堀江　いいキーパーを育てる環境というところではどうなんですか？　チームにはキーパーコーチがいるんですよね？

川島　いますね。キーパーってすごく特殊なポジションだから、専門のコーチがいないと現実的に無理だと思います。

堀江　野球のピッチングコーチみたいなものですよね。それって育ってきた過程にはずっといらっしゃったんですか？　中学や高校でも？

川島　いや、僕は高校サッカー育ちなので、高校まではいませんでした。Jクラブのアカデミーになると中学生年代でもキーパーコーチを置いているチームが殆どだと思いますが。

堀江　じゃあ本格的なコーチングに出会ったのってプロになってからですか？

川島　そうですね。ただ、僕らの時代はキーパーコーチがいなかった分、自分で練習メニューを考えたり、ピッチでも自分なりに頭を使って考えてプレーすることが多かったと思います。監督にはいつも「自分でアイデアを持ってプレーしなさい」と言われていましたしね。だから居残り練習などでは常に、手探りでいろんなチャレンジをしていたんですが、それによって、必然的にその年代からいろんなことを『考える』癖がついたのは良かったと思います。だって、ピッチで起きたことはピッチの上で解決しなければいけないですからね。その解決には当然『考える』ことが求められる。って考えると、僕はコーチがいなかったことをそんなにネガティブには捉えていません。実際、今の日本人選手ってその「考える」ことが得意じゃない選手が結構多いですしね。

堀江 ―― その「考える」ということはプロの世界に入っても通用するものでしたか?

川島 ―― いいや、全然です。全然というか『考える』以前に、プロになりたての頃はフィジカル面、技術面が全くついていっていなかったです（笑）。それをまず最初に痛感したのが、高校3年生のとき。僕はどうしてもプロになりたくて、高校の監督にお願いして、浦和レッズと大宮アルディージャの練習に参加させてもらったんです。当時は浦和に福田正博さんがいた時代だったんですけど。そしたら練習が終わったあとに福田さんがシュート練習をするということになったから、キーパーで入らせてもらったんですけど1本もシュートを止められなくて。「俺はもう、プロになれないな」って落ち込んで帰りました（笑）。それまでの僕は高体連のサッカー育ちでしたけど、高校サッカーの中ではできると思っていたし、プロになりたいという欲も当然あったんですけど、「この程度の自分では無理だ」と。その時に、プロと高校サッカーでは圧倒的な差があるんだと思ったし、結果的にそのあと大宮に3年契約で加入しましたが最初は全然ダメでした。だから1年目は正直、「俺のプロ生活は3年間の契約が終わったら、そのまま終わってしまうんだな」と思っていました。ただ、プロの世界に加入して初めてプロのキーパーコーチにも出会って、その中で鍛えられていくうちに少しずつ自信をつけていけたし、そうやってベースアップがされた中では「考える」ことも活かされたと思います。

堀江　そのコーチの重要性っていうのは、プロ野球の世界でも同じだと思うんです。例えば、高校野球ってトーナメント戦だということもあるけど、番狂わせがすごく起きるじゃないですか。あれはなぜかといえば、試合が『打撃戦』になるからなんです。ピッチャーもだいたいが『エースで4番』みたいな選手ばかりだし、そのピッチングのところでは結構ミスが出るから、結局、打撃戦になる。昔、東京都大会で、開成高校という頭のいい高校が、ベスト8とか16とか、結構いいところまで勝ち上がったことがあるんです。それはどうやって勝ち上がったかというと、開成高校は進学校なのでだいたい、全員が普段から熱心に勉強もしているわけですよ。ましてや、高校3年生といえば受験を控えた大事な年で、本来なら野球どころではないはずです。でも野球をやっている、と。そんな感じだから大して強くなかったんですけど、彼らは弱いチームなりの戦い方を心得ていて。要は、守備は捨てて打撃戦に勝つことだけに集中

川島　した。

堀江　ひたすら、打撃練習に取り組んだということですか。

川島　そうです。だって、実際にどれだけ強いと言われるチームでも、高校野球に守備のエラーはつきものですからね。暴投することもあれば、ホームスチールの成功率が高くなるのだって守備が脆いからなんです。そこからガタガタと精神的に崩れて行くチームも多く、結果、大量得点でコールド負けみたいなことも起きる。だから、とにかく打撃だ、と、ひたすら長打狙いの打撃練習ばかりをやっていたそうです。そしたら、やっぱり1本出たら勝てるんですよね。相手のチームはエースで4番しかいない…というか、さほど強くないチームほど『エースで4番』しかいないので、その選手が1本打たれて、精神的に参り始めると、バンバン点が取れますしね。で、ここからが話の本題なのですが、その野球におけるプロとアマチュアの『守備』の差ってどうして起きたと思いますか？

堀江　守備練習の内容ですか？

川島　大きく言えば、そういうことです。というのも、野球界って昔、高校野球とプロ野球界の分断があったんです。その証拠に、今でこそ規定が変わりましたが、昔ってプロ野球出身の選手が高校野球の監督になろうとすると、まず高校の教員になって2年経たないと指導できなかったんです。今はプロアマ2段階の研修を受ければ教員にならなくても監督になれるんですが。そこには歴史的な背景があり…というのは戦前って、実はプロ野球があまり流行っていなくて、高校野球や大学野球が一番人気があったんです。それは朝日新聞や毎日新聞の利権だったんですけど。でも、読売新聞がプロ野球の読売ジャイアンツを立ち上げて、1958年に立教大学から長嶋茂雄さんが入団してようやく盛り上がるようになった。彼は当時、高校野球界のスターであり、大学野球界のスターでしたからね。その長嶋さんがプロ野球に入るということでプロ野球が一気に注目を集めるようになり、アマチュア野球とプロ野球の立場が逆転した。だからプロ野球と高校野球は、いまいち仲がよろしくないというか、悪くて(笑)。その影響もあってプロ野球選手は簡単には入れない！みたいなことが起き、結果、プロの技術が継承される仕組みも分断されるようになった。これって、実はサッカー界にも言えることなんですよね。というのもサッカー界もJのアカデミーと高校サッカーが分断しているじゃないですか。もちろん、クラブが提携している高校があって、アカデミーでサッカーをしている選手は必然的にその高校に通うという仕組みはあると思いますけど。でも僕はそこを分ける必要はないと思っているんです。理想を言えば、Ｊクラブが運営している高校があった方がいい。だって、今どき普通科の高校なんか行ったところで将来、何の潰しもきかないですよ。

川島――僕も普通科でした（笑）。

堀江――その学校で学んだことが、何かサッカーの役に立っていますか？

川島――明確にこれというものはないですね。

堀江――そうですよね。それならば、Ｊクラブが高校を運営して、もちろん、練習や試合への融通は利かしながら、授業でもサッカーの役に立つことを中心に教える方がよほど将来のためになるし、スペシャルな人材が育ちますよ。さきほどの『プロの技術が継承される仕組み』だって普通に生まれるはずです。というのも、今の高校生を見ていると3年間がもったいないなって思うんです。本当にスペシャルな能力を伸ばせる時期なのに、そういうカリキュラムになっていない。ずっと似たり寄ったりの教科を学ぶだけで、横並びのことばっかりやっている。それに、Ｊクラブが高校を運営するのってＪクラブにもメリットがあると思うんです。だって、Ｊクラブのアカデミーだとあまり同世代の友だちに応援に来てもらえないけど、高校サッカーって未だに学校をあげて応援してもらえるじゃないですか。レベルとしてはJクラブの方が高くなっているのかもしれないけど、人気は間違いなく高校サッカーです。でも、実は「応援される」ってすごく大事なことだと思うんです。絶対にモチベーションになるし、それが成長にも繋がる。川島さんも高校時代は応援されたでしょう？

川島――してもらいましたし、それはすごくモチベーションでした。

堀江――でもJのアカデミーだと自分の高校の同級生に関心をもたれることもあまりないから、応援も少ない。しかも高校サッカーの応援に行く友だちって、別にサッカー好きとは限らないじゃないですか？

川島――違いますね。友だちだから、とか、同じ高校だから、という感覚が強いと思います。

堀江――そこなんです。しかもそうやって観に来てくれるきっかけがあって、実際に観に来たらサッカーが好きになるかもしれないですからね。メリットしかないはずです。それに高校側だって、ちょうどここから先は少子化の時代になることもあり、全国的に「子どもが来てくれない」と困っている状況にありますからね。それもあって一部のトップの高校以外は無受験で入れる高校が増えている現状もある。だからこそ「うちはサッカーにすごく力を入れている。プロに繋がる高校です」となれば絶対に生徒は集まると思います。そういえば、僕の実家からすぐのところに、西日本短大附属高等学校という高校があるんです。僕が子どもの頃は、本当に何の取り柄もない、普通のあまり頭が良くない高校だったんです。だからそこも無試験で入れます、みたいな感じだったんですけど、ちょうど僕が小学生の頃にある日突然、野球場を作って、寮を作って、全国から中学野球で活躍した選手を引っこ抜いて、野球部を作ったら数年間で日本一になって優勝した。そうすると必然的に学校をあげて応援するんです。もちろん、学校の中で野球部に所属している子たちのシェアって1〜2割くらいしかいないけど、でも残りの8割も巻き込めますからね。それってすごく手っ取り早くファンをつくるってことじゃないですか。例えば、サンフレッチェ広島に、サンフレッチェ高校があって、サンフレッチェ高校サッカー部として高校サッカー選手権に出る、みたいなことになれば、間違いなくいまのアカデミーでやっているよりチームの価値があがる。いや、その学校の中には別にサッカーは好きだけど、運動神経はよくないし、自分でプレーするのは得意じゃないからマネージャになりたいという子がいてもいいし、サッカーチームの経営について学びたい、マッサージの技術を学びたい、トレーナーになりたい、という子がいてもいい。実際、サッカーに関わる職業はたくさんありますからね。その子たちはその学校でそういった専門的なことを学びながら、実習はそのサンフレッチェ広島サッカー部でやってもいいわけです。これって、現代の流れを汲めば当たり前の話で。それを未だにJリーグと高校サッカー連盟は違います、みたいな感じで利権争いをしているのって、本当にくだらないです。そうなれば高校サッカー選手権だって、もっとショーアップされる大会にできるかもしれないじゃないですか。というか、あれだけの根強い人気があるんだから、ショーアップすべきです。実際に、アメリカなんかは高校や大学スポーツがものすごく売り上げをあげていますからね。しかも観客は増えるし、選手もモチベーションがあがるし、注目が集まればスポンサーもつくし、そしたらいろんな施設も充実するかもしれないし、いいことだらけですよ。あともう1つ、アマチュアの世代に言いたいのは、国際交流の試合を増やすことですね。高校サッカー育ちの川島さんは高校時代、海外遠征とかされていましたか。

川島　高校選抜に入れば、国際試合を経験できますけど、高校のサッカー部としてはなかったです。あと、中学生のときも県選抜に選ばれてドイツとオランダ遠征に行かせてもらったことはありますけど、それもあくまで選抜レベルにならないと、という感じでした。

堀江　でも、ヨーロッパのチームとかってアカデミー年代から、国際試合を頻繁にやっていませんか？

川島　やっているどころか、めちゃめちゃ交流試合が多いです。あれを見ていると、そりゃ強くなるよな、って思います。だって普段から、バスで2時間揺られて隣国に行って、練習試合をするなんてことを当たり前のようにやっていますからね。以前、スタンダール・リエージュに在籍していたときも、練習場のすぐそばに練習試合用の小さいスタジアムがあったんですね。そこではユースチームをはじめ、女子のチームや、もっと若い年代のチームが違う国のチームと練習試合をしているのをよく見掛けた。また、小学生年代の日本のチームが、夏休みを使ってベルギーで行われたトーナメント戦に参加していたことがあったので覗いたことがあるんですけど、そしたらもうシャルケ04（ドイツ）、アヤックス（オランダ）、エヴァートン（イングランド）など、そうそうたるチームが集まっていましたからね。おそらくそういうことがあちこちで行われていると思います。

堀江　それってすごく大事ですよね。その年代から他の国の人たちとぶつかったり、知らない言葉が飛び交っている中でサッカーをするのっておそらく緊張もすると思いますけど、でもきっといろんなことを感じられるはずだし、何より『海外』を特別な目で見なくなるはずですから。しかもその経験値は間違いなく将来に活かされる。そう考えると少々、先行投資で海外遠征に行かせても、絶対に近い将来、取り戻せます。…ってい うような話を僕は常日頃からJリーグのアドバイザーとして言っているんですけど、これってプロスポーツ経営で言うと、すごくベーシックな、当たり前なことで、そんな難しいことじゃないんです。じゃあなぜJリーグの各クラブはそういうことに取り組めないのか。そこも単純な話で経営者の問題なんです。厳しいようですが、正直、僕は今のJクラブの社長を全員、交代させるしかないと思います。だって、プロクラブを運営している会社の社長に、親会社の総務部長が来たりするんですよ。それじゃあ話にならない。

川島　以前、浦和レッズが親企業から独立して運営するみたいな話になったときに、僕は今後Jリーグのクラブは企業スポーツの域を抜け出していくのかなと思ったんですけど、結局はそうはなっていない。今も企業がスポンサーについて、クラブ経営をしている。これから日本のサッカーが変わっていくためにはまず、その形から脱却した方が良いと思うのですが。

堀江　ん〜。僕は、そうじゃないと思うんです。単純に経営者の質の問題だと思うんですよね。資本は誰が持っていても一緒なので、どういう形態であっても…サポーターのみんなで持っていても、でも、大企業が1社で持っています、でもアラブの石油王が持っています、でも実はチームってそんなに変わらないと思うんです。実際、プレミアリーグだって、アブラヒモヴィッチが来たりとかタイの金持ちが来たり、アラブの石油王が持っていたりするけど、別にチーム自体はずっと同じじゃないですか？　だから資本のところは誰が持っていてもいいとして、問題は、経営者の質なんです。そこに来る人が、未だに本社からの天下りです、的な人が来るのがよくない。どっかの総務部長がきました、なんて言語道断だと思います。でも、もしそこに、ちゃんとした手腕のある経営者が送り込まれるようになったら、クラブは全然変わると思います。そこに

『腰掛けで来ました。任期中に嵐が起きない事を願います』的な経営者ではなく、革新的な考えを持った経営者が来れば間違いなく、変わる。だから僕はいま浦和レッズはチャンスだと思うんです。三菱自動車を日産が実質的に買収すると。でもJリーグには同じ資本のチームが2つあってはいけないというレギュレーションがあるから、どこかに売却しなきゃいけない、と。そのタイミングでもしも浦和にいい経営者が来たら僕は浦和は大きく変わると思います。実際、野球もそうでしたからね。横浜ベイスターズってずっと低迷していたわけですよ。観客動員も伸びないし、チームも弱かった。だけど、DeNAという会社が買収して5年かけて地元企業と仲良くなって、スタジアムも買収したら、利益も売り上げも上がって、観客動員も伸び、ようやくチームも強くなってきた。ベイスターズだってDeNAという要は大企業と呼ばれる企業が1社で持っていますけど、でも、ちゃんと理にかなった経営をしているからうまくいっている。だから資本はどこでもいいんです。問題は経営者の質です。

川島　極端な話、サッカーのことを知らなくても、経営のプロが来ればいい、ということですか。

堀江

そうです。サッカーのことなんて何も知らなくていいんです。極論を言うと、サッカーのことを別に知る必要はないんです。もちろん会社を動かしていく過程の中で知ることになるとは思いますけど、必ずしもその知識があることが前提である必要はない。企業の経営ってそういうもので、素晴らしい経営コンサルタントなら何にでも対応しますから。これまでの経営者の誰よりも調べて、結果を出すことが彼らの高額報酬につながるからこそ、そりゃあ死に物狂いで経営を立て直しますよ。だから「会社のことは何も知りません」という状態で入ってきても、1年後にはもうベテランみたいになっていますからね。僕も以前、プロ野球の球団を買おうとしたときは1年くらいかけて歴史から何から洗いざらい調べて、こういうモデルでいけるんじゃないか…っていう過程においてスタジアムと球団は一体経営しないとダメだということにも気づきましたしね。だから宮城県に言って、県営球場を年間5000万で貸してくれ、あとは自由にさせてくれみたいな話を県知事とつけたり、そういう話を順にしていったわけですよ。いま、それがすごくうまくいっているのが、アメリカのメジャーリーグサッカーなんです。メジャーリーグサッカーは一度プロ化に失敗したおかげで、今回はプロサッカーがどうすれば成功するのかということを、完璧にやっています。これまでアメリカには、サッカーが根付かないって言われていたけど、そんなわけがないだろう、と。世界で1、2位の競技人口を争うくらい普及しているスポーツなんだから、アメリカで成功しないはずがないだろう、と。それにいま、アメリカにはヒスパニックがすごく増えていますからね。そういうことも追い風にしながら、近代スポーツの経営の三原則である、臨場感のあるスタジアム、スター選手、ITメディアの活用の3つを怠らずに取り組んだらうまくいった。最初にディビット・ベッカムを連れてきたし、フランチャイズとなる都市には専用スタジアムの建設が義務付けられていますからね。だから、全部、天然芝の専スタです。そこに今はどんどんスター選手を呼んで、メディアと巨額の契約を結んで…って、成功の方程式を完璧にやっています。中国もそうですよね。だからJリーグは本当に危機感を持ったほうがいい。このまま何も動かなければ、間違いなく衰退の一途を辿ります。

物事の本質を知る

堀江 ヨーロッパでキーパーがクローズアップされるようになったのって、やっぱりスターがいたからですか？

川島 それも1つでしょうね。もう引退しちゃいましたけど過去にはドイツ代表のオリバー・カーンやフランス代表のファビアン・バルテズ、オランダ代表のファン・デル・サールもいたし、いまでもイタリア代表のジャンルイジ・ブッフォン（ユヴェントス）やドイツ代表のマヌエル・ノイアー（バイエルン）、スペイン代表のイケル・カシージャス（ポルト）ら、ある意味、ブランドのように知られている選手がたくさんいます。『UEFA EURO2016』を見ていても、僕でさえワクワクするようなキーパーばかりですからね。「やっぱりレベル高いな」とか「こういうセーブするんだ」とか。それは子どもたちも同じで、間違いなくワクワクしながら見ているはずですからね。そういうキーパーに対してのワクワク感を感じられる土壌がヨーロッパにはあるんじゃないかと思います。

堀江――キーパーについての報道ってどのくらいされていますか？

川島――いわゆる『ベストゴール』ならぬ、キーパーのベストセーブ集とかがメディアで取り上げられることもあるし、ヨーロッパだと必ず『今週のベストセーブ』みたいな感じで、キーパーのセービングのベスト5が発表されます。日本ではまずないですけど。

堀江――なんでないんですか？

川島――分からないです（笑）。それこそ日本でキーパーが注目されたのって川口能活さんが初めてくらいの感覚ですからね。僕も子どもの頃は日本人キーパーなら、それこそ能活さんを見ていたし、あとは日本代表のGKだった松永成立さんくらいしか見た覚えがないです。あとは、僕の子どもの頃はまだビデオの時代だったので、W杯のビデオを見て、アルゼンチン代表のセルヒオ・ゴイコチェアやパラグアイ代表のホセ・ルイス・チラベルトのプレーをチェックしたりしていました。

堀江――なるほどね。そう考えると、日本のサッカーは、これまで日の当たらなかったキーパーのクローズアップをすることによってレベルアップが図れるかもしれないということですよね。だって、繰り返しますが、キーパーは野球でいうところのキャッチャーとピッチャーの両方の役割を担う、キーポジションなわけですから。そこに先ほど挙がったようなスターが存在すれば、子どもたちのキーパー人気も高まり、育成年代からいい競争が生まれ、いいキーパーが生まれるという仕組みができますからね。つまり、まずはキーパーとして海外で成功されている川島さんがスターにならなければいけないということです。

川島――スターですか（笑）。

堀江――というのも、さっきも言ったように近代スポーツの、儲かる経営の三原則は明白なんです。臨場感のあるスタジアム、ＩＴメディアの活用、そしてスター選手です。実際、スターが活躍しているスポーツってすごく売り上げが伸びていますからね。日本でそこに忠実に取り組んでいるスポーツって実はあまりなくて、プロ野球と大相撲くらいなんですけど、大相撲はいま、すごくうまくいっています。国技館はめちゃくちゃ臨場感のある専用スタジアムですからね。砂かぶりの迫力とか、すごいです川島――よ（笑）。

堀江――僕も一度、朝青龍対白鵬の取組を観に行ったんですけど、すごく面白かった。

でしょ？　特に相撲は朝青龍がいた時代がいちばん面白かったと思います。ベビーフェイスの白鵬と、ヒール役の朝青龍っていうようにキャラが完全に分かれていたし、しかも朝青龍は憎らしいくらい強いから、余計に面白かった。だって、ベビーフェイスもヒールも、どちらもスターですからね。そのスターが活躍して、専用スタジアムがあって、メディアとうまく連携しながら運営されているとなれば、うまくいって当然だと思います。もっとも、Jリーグの場合はまず専用スタジアムを持っているチームが殆どないし、あっても都心から遠くてどうしようもないみたいな感じで、問題が山積しているんですけど。それはやや時間がかかりますけど、キーパーにスターを作るのはそう難しくないと思うので。川島さんが活躍して…といっても今はJリーグでプレーしている訳じゃないですけど、でも日本代表である川島さんが活躍して「俺も、キーパーをやりたい！」って子どもが増えるような流れが作れれば、絶対に変わりますよ。それに今の話を聞いていて思ったのは、おそらくキーパーの才能がある人たちって実はもっといるんじゃないかってことです。でも、サッカーこそメジャースポーツだけど、キーパーというポジションがメジャースポーツの中のマイナースポーツになってしまっている分、そういう才能が埋もれてしまっている。だって、マイナースポーツの弱点ってそこにあるじゃないですか？　競技人口が少ないから競争が激しくならなくて、レベルアップしていかないみたいな。だからまずは少年サッカーチームのキーパーが取り合いになるような流れを、川島さんには作っていただきたい。「競争がすごくてキーパーになれなかったよ」とか「キーパーになれなかったから仕方がなくフォワードをやっているんだ」みたいな。

川島——そうなったらめっちゃめちゃ嬉しいですね。嬉しいから、やっぱりちゃんと頑張らないとダメですね（笑）。

堀江——ひいてはそれが日本サッカー界において日本代表を強くすることや、Jリーグを強くすることに繋がるはずですからね。あまりにもこれまで、キーパーが軽視されすぎてきたという流れを一気に覆すためにも、まずはスターになってください。そのためには、キーパーの漫画とかを作ってもらうといいかもしれない。だって漫画の影響力ってすごいですから。

川島――『キャプテン翼』なんて世界のどの国でも知られていますよ。たしかに海外に移籍をしてから、どのチームに所属しても『キャプテン翼』が話題にのぼります。若林源三さんは結構なスターでしたけどね。

堀江――そうですよね。扱われ方としてはスターの立ち位置ですよね。海外でもプレーしていますしね。

川島――僕も若林源三さんを真似て、それこそ小さいときは帽子をかぶって練習に行きましたから（笑）。

堀江――そうなんだ（笑）。じゃあ、高橋陽一さんにはまた、キーパーを題材にしたスピンオフ作品を描いてもらいますか。

川島――それはいいですね（笑）。僕なんかよりよほど人気が出たりして（笑）。

堀江――ライバルがそこになるかもしれないですね（笑）。

川島――あとは何ができるかなぁ。

堀江――奇抜なユニフォームを着るとか（笑）。ユニフォームはチームの提供だから、グローブくらいなら派手にできるんじゃないですか。でも、キーパーってパフォーマンスをするにも難しいですもんね。フォワードなら、いわゆる『カズダンス』みたいなこともできるけど、キーパーはそれをするタイミングがない。すごいビッグセーブをしたあとにやるとか…。

川島　難しいですね。基本セーブしたあとはすぐに試合が流れるし、試合が止まるのはゴールを決められたときだし（笑）。

堀江　ですね。でもパフォーマンスとまではいわなくても何かしらの、キャラ立ちは大事だと思います。だって今のJリーグにキャラ立ちしている選手ってあまり見当たらないじゃないですか？　あの、スターというのはサッカー好きだけではなくて、日本全国、サッカーファンじゃない一般人にも知られる、日本でほぼ100％の認知率のスターっていうことです。Jリーグの試合はしないけど、「この人は知ってる！」みたいな。誰かいますか？

川島　ん～。そう言われると、確かにいないかもしれません。

堀江　唯一、スターとして知られているのはカズさん（三浦知良・横浜FC）くらいですよね。だからJリーグって結局、変わっていないということなんですよ。そう言うと、海外に選手が移籍したからって言い訳をする人もいるかもしれませんが、それだってJリーグがプロサッカー選手にとって魅力的なリーグになっていない証拠でもありますからね。

川島　宇佐美（貴史／ガンバ大阪）あたりはどうですか。

堀江　彼はもちろんサッカーファンの間では知名度が高いと思います。でも、一般人はおそらく彼のことを知らない。カズさん以外でいえば中田英寿さんがギリ、そういう存在かもしれませんが、彼はもう現役ではないですしね。でもスターになるためには全てのいろいろな努力をしなければいけないと思うんです。「僕はパフォーマンスができない」と思って躊躇しているようではダメなんです。そういう意味で本田圭佑（ACミラン）さんって面白いなって思う訳ですよ。サングラスとか時計を両手につけていたり、フェラーリに乗って登場したり。当然見ている人は「なんだ、こいつは？」って思うじゃないですか。でも、間違いなく話題になりますからね。それとか、モノマネする人が出てくるというのもある意味、スターの証明かもしれません。本田さんのことはじゅんいちダビットソンがマネをしているように。川島さんはまだいませんか？

川島——いないですね。

堀江——だから、もうちょっとですよね（笑）。それはキャラでもいいし、パフォーマンスでもいいし。ピッチでも、ピッチ外でもいい。とにかく何でもいいからスターになることは僕はすごく大事だと思っているんです。その上で「キーパーってすごく大事だし、面白いポジションだよ」っていうことを発信していってほしいですね。

川島――そうなれば、間違いなく「キーパーになりたい」っていう子どもがもっと増えるはずですしね。だからスター…頑張ります（笑）。

未知の世界に学ぶ

堀江――海外も6年目に突入するって話ですが、やっぱりまだヨーロッパで、という考えが強いですか？　僕はできれば、いまのヨーロッパに行っている『海外組』を応援するフェイズを早く終わらせて、自分たちのホームともいえるアジアに、世界中の人たちが集まってくる流れができればいいなと思っているんですけど。でも実際にヨーロッパに行っている身としてはどうなのでしょうか。もちろん、今はまだヨーロッパの方がレベルは高いわけで、より高いレベルでプレーしたいと思うのはプロサッカー選手として当然のことだと思うんですが、僕は本当に近いうちにそのヨーロッパのサッカー市場がアジアにシフトチェンジされていくというか、アジアの時代がこれから来ると思っているんです。一選手としてはそういう世界になることは望みますか？

川島　僕が現役中にそうなりますかね（笑）。そこは正直、僕にはあまり見えていないですけど、でも、最近よく思うのは、今の日本サッカー界ってあまりにも『海外組』『国内組』と区別したがるじゃないですか。でも、僕はなくていいと思うんです。確かにヨーロッパのほうがJリーグよりレベルが高いのはわかるんですが、今のその区別って風潮的に、海外組が良くて、国内組はダメというか…物足りないみたいな見方になってしまっているじゃないですか？　でも、そもそもその枠がいらないと思うし、どこのリーグ、ステージでやっていようが、日本人が総じて高いレベルでプレーしているというのが理想的な形だと思うんです。そういう意味ではヨーロッパに行こうが、Jリーグに留まろうが、アジアにいこうが、関係ないというか。「どこの国に行っても、高いレベルのプレーをすることができて、その国で必要とされる選手になるのは日本人だな」と言われるようになりたいと思っています。

堀江　いま所属されているダンディー・ユナイテッドでは来シーズンもプレー

するんですか？

川島　いや、退団することは決まっていて、ちょうどいま、移籍先を決めている最中にあります。

堀江　それはご自身で交渉をされているんですか。

川島　今は代理人をつけていますけど、その前のスタンダール・リエージュからダンディー・ユナイテッドに移籍したときは直接自分で交渉をしていました。直接、クラブの会長に電話をかけたこともありますしね。結果的にあのときは6ヶ月くらいチームに所属していない時期を過ごしてしまったので、今回はそうならないようにとは思っています。

堀江　契約書なども自分で作られるんですか。

川島　いや、作らないです。クラブ側が出してきたものに目を通して確認して、問題なければ判を押すという感じですね。いまは基本的にエージェントがいるので全部やってもらっていますが、それでも僕は一応、自分でも目を通しています。

堀江　契約書って、めっちゃ長いのが来るでしょ？

川島　めっちゃ長いのが来ます（笑）。でも契約書ですからね。任せるところは任せますけど、やっぱり自分の契約についてのことだし、自分がサインをする契約書なのに何が書いてあるのか分からないままサインするのは嫌なので、そこは日本語だろうが英語だろうが、全てに目を通します。

堀江　Jリーグでプレーされていたときも、契約書に対してそういう意識は持っていらっしゃいましたか。

川島　僕はありましたね。だって、日本の契約書ってJリーグ発足当初から殆ど変わっていないんですよ。権利にしても、肖像権のことにしても、殆ど昔のままで、金額と名前のところだけ確認すればサインできるようになっている。でもおそらく殆どの選手が、その金額のところだけを見て判を押していると思います。だから、異を唱える選手も殆ど出てこない。でも、読んだら、おかしいところがたくさんありますからね。なのに、読まないで判子を押してしまう。あれは僕にはできないです。だってJリーグがスタートしたのって93年ですよ。そこから何年経っているんだ？　って考えたら契約書の内容が変わっていないことを不思議に思うべきなんですけどね。実際、当時はあくまでクラブを守る契約書だったので、肖像権にしても全て「クラブに帰属します」になっていますからね。ケースバイケースとかもなく全て、ですよ。そうじゃないでしょ、と。

堀江　じゃあ、気づいた選手は個別に変えたりして契約をする、と。

川島――いや、海外から帰ってきた選手は、そこに気づくんですけど、ずっと日本にいる選手は正直、その何が悪いのかが分からないからほぼ、変えていないと思います。

堀江――弁護士をつければ簡単な話なのに、それもしないんですね。

川島――だと思います。しかも、Jリーグの選手ってそれにサインしないと契約できないんですよ。「変えて」とは言えない。

堀江――じゃあ、海外から帰ってきた選手がおかしいと思ったらどうしているんですか？

川島――元ある契約書に、付け加えるんです。別に契約書を作って「これに関してはこうです」っていう文言を付け加えてサインをしたりしています。

堀江――そういうところも変えていく必要がありますね。

川島――そうですね。まあでも、そこは選手の自覚の問題もあると思うので。クラブ側だって「読まずにサインしろ」と言っている訳ではないんだから、読めばいいって話になりますしね。

堀江――話が逸れましたが、川島さんがヨーロッパのチームに感じている一番の魅力って何ですか。

川島――やっぱり、自分が実際にヨーロッパに出て、ヨーロッパのサッカー文化の中でキーパーとしてプレーしてみると、求められることが違うわけじゃないですか。さっきの話じゃないけど、日本とヨーロッパではキーパーに対する評価も違う中で、当然求められることも変わってくる。しかも、その要求が、ピッチの中でのプレーということでも、ピッチの外での姿勢とか向き合い方という部分でも、日本でプレーしていたときより明らかに高いですからね。そういう環境の中でプレーすることによって自分がまだまだ成長できるということを感じたというのも1つだし、あとは、日本人キーパーが海外でプレーすることに対して、どうすれば活躍できるのか、とか、どうすればより高いレベルを目指せるのかということが自分の中で今はまだ明確に見えていないからというのもあると思います。もし、自分の中で「こういうものなんだな」という答えが見えたらというか、腑に落ちる材料ができれば日本に帰ってプレーすることもありだと思っているんですけど、今はまだ「もっと見れるものがあるんじゃないか」と感じていますからね。それはスタンダール・リエージュでヨーロッパリーグやUEFAチャンピオンズリーグといったより高い舞台を戦って感じたことでもあるだけに、できればもう少しヨーロッパに残って勝負したいと思っています。

堀江 ── さっき、所属チームがない時期が6ヶ月くらいあったとおっしゃいましたけど、その間はどうされていたんですか？

川島 ── いろんなところに練習参加したりしていましたね。その間は日本代表も外れてしまったので、殆どの時間をヨーロッパで過ごしていました。

堀江 ── 所属チームがなければ日本代表には入れないということですか？

川島 ── いや、そういう決まりがあるわけではないと思いますが、日本代表という、日本のトップレベルの選手が集まる集団に、所属チームのない選手が入るのは違うんじゃないか、ということだと思います。

堀江 ── それも変な話だと僕は思いますけどね。グローバルな選手のデータベースというのはあって然るべきだし、現に、そのあとプレーできるチームが見つかった訳じゃないですか。イコール、それだけの価値がある選手だということなんですから。

川島 ── いやぁ、そこは本当にいろいろあったんです。決まりそうで決まらなかったり、ベルギーでずっとやってきた僕が、経験を積み上げたいと思っているのにトルコやロシアのチームに行くのはやっぱり何かが違う気もしましたしね。だからこそ、そういうオファーは断って、自分が納得できる場所でやろうと思っていました。それに、最初のステップは単に「海外でプレーする」ことでしたが、今は海外で生き残っていくことも考えながら、自分の成長を求めればこそ「キーパーとして成功できるチームでプレーしたい」と思っています。

堀江　つまり、ヨーロッパでプレーするのなら、成長を求められるチームじゃないと嫌だと。

川島　簡単に言うとそうなります。

堀江　やっぱりそれだけ、成長できる材料がヨーロッパにはあると？

川島　それは無所属だった6ヶ月の間にハッキリ見えましたね。というのも、その間に岡崎慎司がいるイングランドのレスター・シティの練習にも2週間くらい参加させてもらったんですけど、そしたら、ベルギーとイングランドでは、練習でさえ、飛んでくるシュートの威力が全然違うんです。そのときに「こんなシュートを毎日受けていたら、そりゃあキーパーも上手くなるわ」と。上手くなるというか、すごいシュートを止められるようになるわ、と素直に感じた。そのことは日本からベルギーに移籍したときも感じたことだったのに、そのベルギーからイングランドに行けば、さらに感じたわけですからね。つまり、その環境でプレーしているかどうかで、シュートが飛んできたときに「こんなシュートは受けたことがないから止められないな」と思うのか「これを止めるのは当たり前だな」と思うのか、絶対に違ってきますからね。ということを考えると、やっぱりより高いレベルに、という欲は出ます。

堀江　「こんなシュート」のところって…技術というか、テクノロジーの進化で何とかならないものなんですかね？　例えばシュートマシーンみたいなものが開発されるとか（笑）。

川島　でもそれ以前に、日本にいたときは、海外選手のシュートをそこまで体感していない訳だから、まずそこにある差にすら気づけないですからね。唯一、日本代表戦だけはそれを感じられる場になるけれど、結局、チームで過ごしている時間の方が断然長い訳で…。そこで感じた上で、自分のチームで、Jリーグの中で更に鍛えられるという環境ならいいですけど、そうじゃない訳ですから。

堀江　そうですね。逆に代表で感じて、Jリーグに戻ってプレーしてみたら極端な話「え？　こんなもんなの？」という気持ちになることだってあるかもしれない。それによって、プレーに余裕は出るかもしれないけど、それじゃあ自身の成長を求めることはできませんよね。

川島　そういうことです。代表で何を感じても、結局戻る場所が、その日常では意味がない、ということになってしまう。だから、そこの日常の部分を自分で変えることを考えるしかないし、それをしないと本当にその強烈な一本のところで自分が勝負できないんじゃないかということは感じています。

堀江――じゃあ、シュートマシーンではどうにもならないか（笑）。

川島――でも、今、そういうマシーンも出てきているそうですよ。あえて無回転のシュートを打つマシーンとかもあって、取り入れているチームもあるそうです。でも、そのベースの感覚というのは実際に体感しないと無理だし、キーパーってこのくらいの強いシュートを普段から受けておけばOKということでもないですからね。それまでの流れもあるわけで、コーチングのところ、ディフェンスラインの動かし方などは実践の中で培うしかない。それに、そもそも練習で、キーパーコーチが蹴るボールがもう全然違いますからね。日本人のキーパーはテクニックを意識するから、キーパーコーチはテクニックを発揮できることを意識したボールを蹴ることが多いのですが、そうなるとボールのスピードが弱くなるじゃないですか？　でも、ヨーロッパではそんなことは全くおかまいなしに、とにかく強いシュートがボンボン、ボンボン飛んでくる。で、それをセーブできなければ「なんでセーブできないんだ」って、それだけですよね（笑）。キーパーコーチからしてそもそもの感覚が違うんだから、逆に日本でもその部分が変わっていけば…それこそさっきの話じゃないですけど、小さい頃からそういう感覚が持てるような環境が整ったり、キーパーコーチが増えたり、ということになれば、日本のキーパーはもっと成長できるんじゃないかとは思います。実際、普通に考えて、そういう環境で育てられるか、そうじゃない環境で育つかで明らかに違いが出ますからね。さっき僕は「学生時代に自分で考えることを覚えて良かった」という話をしましたが、それこそ中学、高校の6年間って、めちゃめちゃ大事な時期ですからね。そこでいいコーチに出会えたら、「考える」ことはもちろんキーパーとしてのポテンシャル、技術も引き上げられて、人生が変わると言っても大げさではないくらいの変化が見られると思います。

堀江 ところで、川島さんが日本で運営されている「英語でサッカーを学ぼう」というスクールには、キーパー部門もあるんですか。

川島 それがないんです（笑）。

堀江 ダメじゃないですか！

川島――でも、うちは基本が、サッカーをうまくなろう、ということではなく、小さな時から英語に触れることで…それはサッカーだろうが他の分野だろうが子どもの頃に英語に触れることで、将来、いろんな分野にいっても、言葉の弊害なしに自分の能力を発揮できるようにしようよ、ということがベースなので、またちょっと主旨が違うんです。

堀江――どこでされているんですか？

川島――関東近辺です。東京、神奈川、千葉で10校あります。どこもある程度、システムは同じで、基本はフットサルコートで週1回のカリキュラムが行われます。スクール中は英語しか使えなくて、指導者も外国人指導者か英語を話せる日本人スタッフしかいません。

堀江――キーパー部門も作ったらいいじゃないですか。キーパーも英語で指示をする、みたいな。

川島――うちはベースがスクールであってチームではないですからね。本気でサッカーをやっている子ばかりではなく、どちらかと言えば英会話を習いに行くよりももっと楽しく英語を学びたい、というような子も来てくれているので、サッカーの本格指導ではないんです。だからキーパーコーチもいません（笑）。

堀江――それじゃあ仕方がないな（笑）。でもまあ、川島さんがそういうことをいま海外で感じられて、いずれ引退されたら、またそれが指導に活かされるのは間違いないですからね。ただ、それまでにキーパーの重要性がもっと日本で認知されていないと、川島コーチのニーズもなくなっちゃうので気をつけてください。

川島――頑張ります（笑）。

堀江――だって長友佑都（インテル・ナツィオーレ）さんは…この間、本田圭佑さんの誕生日パーティで一緒になりましたけど『アモーレ』と一言言っただけであんなにも日本中を騒がせた訳ですからね。そう言えば、そのアモーレも誕生日パーティに来ていましたよ（笑）。彼女は、僕がライブドアにいる時代にうちの会社で第一号のＤＶＤを出したんです。以来、12年ぶりくらいの再会だったんですけど、思わず「良かったね」と言いました。だって当時、全然、売れていなかったですからね。そんなときに社長室の僕の机まできて「よろしくお願いします！　頑張ります！」とか言っていたから「大丈夫か？」と思っていましたけど、そのあと映画『20世紀少年』で売れて良かったなと思っていたら、今や時の人になっちゃいましたからね。だから、川島さんも何か考えてください。ご結婚はされているんですか？

川島――していますす。なので、アモーレはもういるから無理ですね（笑）。

堀江――そうですね（笑）。でも僕としては今日、こうして初めてキーパーについていろいろ考えられたのは良かったです。そこにまつわる課題、問題点もみえてきましたし、それを埋めて行くことが、Jリーグや日本サッカー界のレベルがものすごく向上するためのキーの1つだということにも気づけたので。またそれはJリーグのアドバイザーとして伝えておきます。

川島――ぜひお願いします。あと僕が思うのは、日本のキーパーってポテンシャル的には絶対にヨーロッパでも成功すると思うんですよ。これは自分がやっているからそう思うんですけど。なぜかと言えば、ヨーロッパのキーパーって大きさ、強さはあるんですけど、繊細さがないキーパーが殆どなんです。本当にトップレベルになればその両方を兼ね備えているんですけど。

堀江――繊細さってどういうところに現れるんですか？

川島――例えば、技術的にミスをしないとか、ポジショニングの正確性とか。ヨーロッパって結構、身体でどうにかするというか…大は小を兼ねるみたいなもので、ポジショニングが多少ずれていても、体格があるから止められちゃったりするんです。

堀江――手の長さで何とかなるとか。

川島――そうです。とにかく力だけで弾けたり、ということもありますしね。力が弱ければそのまま決められてしまうようなシーンでも、そもそも力が強いから手ごといっちゃえば、どうにかなる、みたいな（笑）。ヨーロッパのキーパーが、よく指先でチョンと触ってセーブしている姿をよく見るのも、一見、好セーブに見えますが、僕に言わせればポジショニングが悪いだけだったりもしますからね。つまり、ポジショニングだとか、正確性、判断力というのは日本人キーパーの方が断然、優れています。だからこそ、それをヨーロッパのサッカーに融合させられる部分を突き詰めて考えていけば、絶対にもっと多くの日本人キーパーがヨーロッパで活躍できるようになると思います。

堀江――体格がないのは大丈夫ですか？

川島――でも最近は、日本人でもそこそこ大きいキーパーっていますからね。僕は185センチありますけど、Jリーグで試合に出場しているキーパーで180センチ以下のキーパーって殆どいないと思います。といっても、堀江――ヨーロッパでは185センチも別に大きい方ではないんですが、別に小さいとは思われていないし、逆にいえば、僕より小さいキーパーだっていますからね。カシージャスだって183cmだし、スペインのバルセロナに所属するチリ代表のブラーボも183cmです。

じゃあ、日本のキーパーがヨーロッパで活躍できる可能性はあるということですね。

川島――それこそ可能性だけで言ったら、絶対にあると思います。

堀江――韓国人キーパーがJリーグでたくさんプレーしているというのはどうなんですか。ほとんど代表クラスだと思うんですけど、彼らもデカくて上手いじゃないですか。あれはなぜですか？

川島――それこそ人材不足だと聞きましたけど、現実的に僕はいまJリーグをつぶさに見ている訳ではないのでなんとも言えません。

堀江――でも韓国のトップクラスのキーパーが、日本でプレーしているということは、彼らもヨーロッパには行けない理由があるんでしょうね。それが言葉の問題なのか、何なのかは分からないですけど。

川島――アジア人でヨーロッパでプレーしているキーパーは殆どいないはずですからね。おそらくそれは言葉の問題だと思います。

堀江――韓国のKリーグもいま、完全に空洞化していますからね。キーパーは別かもしれないですが、フィールド選手の場合、トップクラスがヨーロッパに行って、セカンドティアが日本や中東プレーしている、と。で、サードティアの選手がKリーグでプレーしているということですから。Jリーグもこれから、そうなっちゃう可能性があるというか、今はちょうどその危機にのみこまれていくか、脱出して行くかの狭間にあると思います。だって、Jリーグだって結局トップクラスはほぼヨーロッパですからね。Jリーグに留まっている一流選手は、もはやシェアの半分もいない。これは結構、憂慮すべき事態だと思います。川島さんは今後、具体的にヨーロッパでどういうことを突き詰めていきたいと思っているんですか。

川島――そこはやっぱりフィジカルとテクニックと、繊細さの融合みたいなところですね。

堀江――メンタリティってどうなんですか。キーパーってそこも影響するポジションなのかなと思いますが。

川島――日本人ってある意味、そこも繊細なところがあるじゃないですか。例えば、ミスを気にするとか、味方に言われたことを受け取り過ぎちゃうとか。でも、正直、ヨーロッパでは気持ち的に繊細過ぎるとやっていけないところもありますからね。ある意味、僕もピッチ上では日本人でいられないなって感じるときも正直、あります。簡単な話、精神的に本当にタフじゃないと…めっちゃ批判されるし、ちょっとでも良くないと日本人だから批判もしやすいというのもあって、的になりやすいですしね。練習試合であろうがなんだろうが、ミスに対して「早くここから出て行け」とか…言葉がわかるからそういう罵声も全部感じられちゃうんですよね（笑）。試合中に、わざと違うキーパーの名前を呼ばれたこともあるし、車だって壊されたこともあります。それに耐えうるタフなメンタリティは必要だと思います。

堀江――車が壊されるって、どれくらい壊されるんですか？

川島――試合が終わったあとに、車に向かってでっかい石を投げつけられていて。試合を終えて駐車場から出ようとしたら、セキュリティの人に「お前の車の後ろ側に石が投げられていたから気をつけたほうがいいぞ」って（笑）。

堀江――激しいなあ。評価もされるけど批判もあるということですね。

川島――そこはハッキリしていますね。ＰＫを止められなかったことにさえブーイングが起きます。

堀江――PKなんか、どう考えたって蹴る側が有利じゃないですか。つまり決まる確率が間違いなく高いですよね。

川島――そうなんですけど、PKのときも普通に言われます（笑）。そういうのも日本だと考えられないところですけど、でも、それくらいやらないと評価されないのは分かっているので、今はもうそれも普通に受け止めています。それにサッカーって1日で評価が変わりますから…ってこれは、松井大輔くん（ジュビロ磐田）が言っていたんですけど、ある1試合に活躍しただけでいいチームに買われて行くこともあれば、1試合よくなかっただけで奈落に落とされることもある。僕もリエージュでの最後の年は殆ど試合に出してもらえなかったんですが、よくなければそうやって1日で変えられて、それまでサブにいたキーパーと一気に立場が逆転して、そいつがスターになっていく世界ですから。でも、僕は今のところそういうところも含めてヨーロッパを楽しめているので。もう少し闘ってみようと思っています。

堀江――新しいチームがどこになるのか、また楽しみですね。

川島――もうちょっとで決まると思うんですけどね。また報告しますので楽しみ

にしていてください。（編集部注：この取材が行われたあと２０１６年８月にリーグ・アンのＦＣメスへの移籍が発表された）

×

遠藤保仁

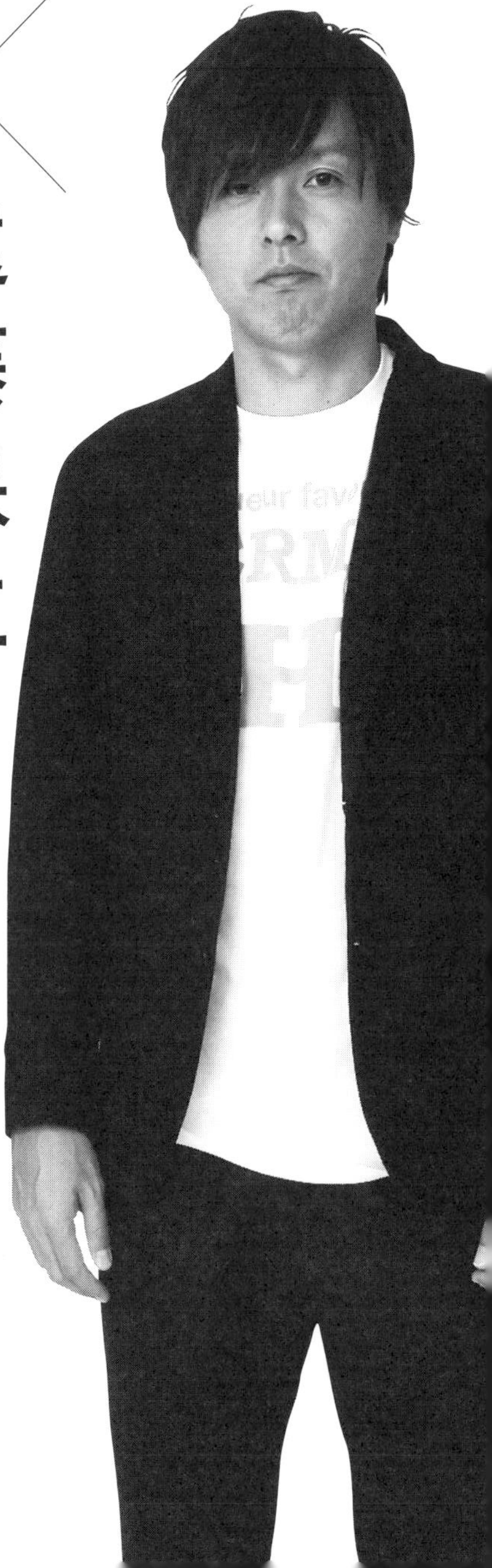

若い世代で『世界』を知る

変化を受け入れ、結果を求める

新たなファンを獲得するためのＩＴメディア

これからのターゲットはアジア

現状に常に危機感を持つ

若い世代で『世界』を知る

堀江　実は昨日、イースター島から帰ってきたばかりで、今頃になって時差ぼけが出てきたのか猛烈に眠気が襲ってきています。

遠藤　（笑）。時差ぼけ調整はしていなかったんですか？

堀江　調整って、どうやってするんですか？

遠藤　簡単なことですが、日本時間にあわせて行動するだけです。なので、飛行機の中で眠くなったとしても、日本時間で眠る時間でなければ頑張って寝ない。ま、基本、僕はあまり時差ぼけしないタイプなんですけど、サッカー選手はよくそういった調整をしています。

堀江　なるほど。でも僕には無理ですね。眠くなったらすぐに寝てしまう（笑）。

遠藤　普段、あまり寝ていないからじゃないですか？

堀江　いやいや、よくそう言われるんですけど、僕は睡眠をとらなければやっていけない体質なので、意外と8時間くらいは睡眠時間を確保しているんです。スポーツ選手はもっと寝ますか？

遠藤　いや僕は7時間寝ればいいって感じです。でもサッカー選手の中では少ない方だと思います。他の選手は最低でも、昼寝を含めると1日8〜9時間は寝ているはずなので。でも、僕は昼寝もしないんです。

堀江　それは何か理由があるんですか？

遠藤　いや…特に眠くならないから（笑）。昼寝をした方がいいとかっていう声も聞くし、睡眠ひとつとってもいろんな考え方があるとは思いますけど、結局は自分にあった方法、自分がリラックスして過ごせる方法が一番いいと思うので、あまり僕は気にしません。

堀江　なるほど。遠藤さんはイースター島には…っていうかチリは行ったことがありますか？

遠藤　ないですね。日本代表の遠征では結構、あちこち行かせてもらいましたけど、基本、南アメリカの方は殆ど行ったことがない。ブラジル、アルゼンチンはありますけど。

堀江　ブラジルはもちろんですけど、やっぱりあのへんは遠いですね。日本からは飛行機でも1万8000キロほど距離があるので、ロス経由で行っても1日以上かかりました。チリはともかく、その上のペルーとかは、サッカーが強かったイメージがあるんですけど、違いましたっけ？

遠藤――ぼちぼちかな。でも南米の中では下位の方だと思います。

堀江――ブラジルワールドカップはもう…2年前でしたっけ？

遠藤――そうですね。14年だったので。

堀江――ブラジルはそのときが初めてですか？

遠藤――いや、前年度にもFIFAコンフェデレーションズカップ2013がブラジルで開催されていますし、僕は個人的にも高校生のときに向こうで少しプレーしていた時期があったんです。

堀江――高校生のときに？　高校サッカー育ちですよね？

遠藤――そうです。高校1年と2年のときに1回ずつ行きました。高校1年生のときはチームで約1ヶ月ほど遠征して、コリンチャンス　パウリスタやパルメイラスなど、強豪クラブのユースチームと試合をしまくって、2年生のときは、それこそ1人でポンと（笑）。1ヶ月半くらい現地のチームに混ざってプレーしていました。

堀江――さすがにそれは不安だったでしょう？

遠藤　ん〜そうでもないですね（笑）。あるとき、急に松澤隆司監督に呼ばれて「ブラジルに行ってこい」と。さすがにチームが普通に国内の試合に出場している時期だったので「え⁉」って感じはありましたけど、面食らっているうちに「もうチームも決まっているから安心しろ」と言われて「分かりました」と。半ば、強制的でした。結果的にはものすごく楽しかったから良かったですけど。

堀江　それって、ブラジルのどこに行ったんですか？

遠藤　サンパウロ州のちょっと田舎なんですが、2部のイトゥアーノっていうチームに3週間いたあと、3部リーグのECサンベント ソロカーバっていうチームにも3週間くらいいました。言葉は一切、分からずでしたけど、ブラジル人は基本、フレンドリーなので、何とかなりました。「右はポルトガル語で何て言うんだ？　前は何て言うんだ？」みたいな感じで教えてもらって、あとはテキトーで（笑）。ジェスチャーで伝わるからまあいいか、って感じでしたね。「チャオ！」とか言ってフレンドリーにさえしておけばいいか、と思っていたので、結局ブラジルにいた1ヶ月半の間にも殆どポルトガル語は覚えなかった（笑）。

堀江　留学みたいなものですか？

遠藤　留学というと聞こえがいいですけど…ま、確かに留学ではありますけど、自費ですからね（笑）。もちろん、親が出してくれたんですけど。しかも行ってみたら部屋はボロボロだし、ブラジル人選手との2人部屋だし、食事は自分で適当に食べるみたいな感じでしたから。その前の年にチームで遠征していたのでなんとなくイメージしていたものがあったから良かったけど、あそこにいきなり放り込まれたら普通はビビるんじゃないかな、とは思います。

堀江　でしょうね！　食事はホテルで食べて、っていうことですか？

遠藤　ホテルのビュッフェ的なものを食べるときもあったし、ホテルから200メートルくらいのところにあったチャーハン屋さんにはよく行きました。しかも、治安が悪いから外に出掛けるときは必ずダッシュしろと言われていたので、ホテルから1人でダッシュでチャーハン屋さんに行って、ダッシュで食べて、またダッシュで走ってホテルに帰るという感じでした。

堀江　それって当時…95、96年あたりだと思うんですけど、監督さんはどうやって話をつけたんですか？

遠藤　僕が高校生だった当時、鹿児島実業高校サッカー部にカルロスっていうブラジル人コーチがいたんです。彼の影響で、当時からブラジル代表やブラジルのクラブチームのビデオをよく観せられたんですが、その彼のつてというか、最初に行ったチームの監督とカルロスコーチが仲良くて、繋いでもらったみたいです…勝手に（笑）。といっても、カルロスが付いてきてくれる訳でもなかったんですけど。出発のときだって、成田空港に旅行会社の人がいただけで、誰かが同行してくれるわけでもなく「これに乗って、ロスで乗り換えてください」ということだけ教えられて、エアチケットを渡され、初めて1人で飛行機に乗りました。

堀江——今の時代でも、Jリーグクラブのアカデミーチームに所属している選手は別として、高校サッカーでプレーしている選手が、その年代で海外の経験を積めるってなかなかできないはずですからね。それはいい経験をされましたよね。

遠藤——だと思います。あの経験をしたから、そのあとどんな国に行っても大丈夫な感じになりましたね。それに、例えば高校選抜とか、アンダー世代の代表に選出されている選手なら、個人的に海外の経験を積めるチャンスがあると思うんですが、チームとして遠征することがなかなかなかった時代だと考えると…強制的にではあったんですが（笑）、1人で行って良かったです。それに現地では結構、プロの試合もたくさん観る機会に恵まれましたから。当時はパルメイラスがすごく強い時代で、リバウド、ロベルト・カルロス、カフー、ジーニョとか…あとサンパイオとかマグロンもいたはずですが、そういう超有名選手が顔を揃えていた試合を生で観戦して「うわぁ〜、ここでプレーしたい〜」って常に盛り上がっていました。1人で（笑）。

堀江 ― スタジアムとかは怖くはなかったんですか？

遠藤 ― 大丈夫でしたよ。まぁ、僕が高校生だった時って何せ丸坊主の田舎っぺ丸出しだったので、狙っても得はないと思われていたのかもしれないですけど。

堀江 ― 僕の知り合いで、ルーマニアでプレーしていた奴がいて。彼はいま、豆腐屋をしていますけど（笑）、その彼がルーマニアにいた時代は、ソ連が崩壊してまだそんなに時間が経っていなかった時期だったから、あるとき、先輩に連れられて行ったクラブで帰りに拳銃を頭に突きつけられた、っていう話をしていました。また、僕の遊びのサッカー仲間で世界中を旅してまわっている奴がいて…彼はJリーグではJ2のクラブからも声がかからないようなレベルなんですけど、インドのチームでトライアウトを受けたり、いろんな国をまわった挙げ句、最終的にはカンボジアで狂犬病にかかって帰ってきていました。なのに、またどこかの国に出掛けていきましたけどね（笑）。

遠藤　危ない、危ない（笑）。でも危ないことって何となく直感で感じるところがあるじゃないですか？　僕の場合、その勘は結構、働かせていたような気がします。いや…何も考えていなかったかな。でもいずれにしてもブラジルで怖い思いをしたことは一度もなかったです。

堀江　例えば、そのままブラジルに残ろうという風には思いませんでしたか？

遠藤　思いましたよ。っていうか、実際に「契約しないか？」みたいなことも言われましたしね。僕としては1ヶ月半もいれば結構馴染んでいたし、プレー的にも通用するんじゃないか的に思ったというか…まぁ、公式戦には出られなかったので、紅白戦での手応えに過ぎないんですけど、とにかく楽しかったですからね。全然、帰らなくてもいいや、くらいに思っていました。でも、カルロスコーチに電話をして聞いてみたら「ご両親にも、松澤監督にも許可をもらっていないから、とりあえず、1回帰ってこい。ブラジルに行くなら高校を卒業してからの方がいいだろう」と言われて、「あ、そうなの」と思ってやめました。純朴な高校生だったので（笑）。

堀江　でも一度、そういう経験をしてしまうとまた海外に行きたくならなかったんですか？　遠藤さんはこれまでずっとずっと日本でプレーされていますよね？

遠藤　そうですね。いや、海外にも行きたいんですよ。クラブが許してくれるのなら。でも契約も残っているし、その契約が残っている36歳の選手を、お金を出して海外のクラブが欲しがるかと考えたら、どうなんだろう、っていうところもあるので、行くなら契約が切れるタイミングを狙うしかないでしょうね。

変化を受け入れ、結果を求める

堀江　もともとは横浜フリューゲルスでキャリアをスタートさせたんですよ

遠藤――ね？　それで…チームが消滅して京都サンガに移籍されたんでした？

堀江――そうです。フリューゲルスが1年でなくなってしまったので、京都に移籍して2年間在籍し、そのあと、01年からずっとガンバ大阪です。

遠藤――プロ1年目から試合には出ていましたか？

堀江――そうですね。1年目でも半分は出してもらっていました。それは大きかったと思います。しかも当時のフリューゲルスはチームメイトにヤマさん（山口素弘）やアツさん（三浦淳宏）、サンパイオなどうまい選手がたくさんいた時代で、レシャック監督のサッカーもめっちゃ面白かったし、普段の練習からすごく楽しかったので、そこで鍛えられながら試合にも使ってもらって、という経験は後々のサッカー人生に繋がる大事な要素だったと思います。

遠藤――練習が面白い、とは？

堀江――フィジカルトレーニングは全くせずに、超真剣にパス回しを永遠に50分くらいやり続けて、終わり、みたいな（笑）。当時のフリューゲルスは完全にパスサッカーで、練習中からドリブルも禁止されていたんですが、僕は「パス」を得意とする選手だっただけに、それも良かったし、だから試合にも出してもらえたんだと思います。もしフィジカル重視のサッカーだったら、間違いなく試合に出ていなかったはずだし、10代のあの時期に試合に出場できたかどうかで、のちのサッカー人生も変わっていたと思います。

堀江　そのあとの選択として、なぜ、京都だったんですか？

遠藤　それはまた複雑な話なのですが、結論から言うと、そこも強引に行かされました（笑）。実は僕、柏レイソルに行きたかったんです。強かったから。でも、僕をフリューゲルスに入れてくれた強化部長が、京都に行くことになり「俺が連れてきた1年目のメンバーは全員、俺が行くチームに行かせる」みたいなことになっちゃって、結果、強化部長とセットでみんな京都に行きました。でも、そこでも結果的に試合にたくさん出場することができたので、良かったですけどね。2年目にJ2リーグに降格させてしまいましたけど、若いうちに公式戦を経験することによる財産は何物にも代え難いものなので。

堀江　降格も経験されているんですか？

遠藤　ですね。でも僕はその年に京都を出てしまったので、京都ではJ2リーグを戦っていません。

堀江　日本代表に入られたのはいつですか？

遠藤――A代表ということなら、02年が最初です。

堀江――最近でこそ選ばれていないようですが、結構長く日本代表として活躍されましたよね。確か代表の歴代最多出場記録を持っていますよね？

遠藤――そうですね。15年のはじめ…ハビエル・アギーレ監督のときまでは選出されていて、国際Aマッチは152試合に出場しています。これが日本代表の歴代最多出場記録だそうです。

堀江――結構、他人事な言い方ですね（笑）。あまり記録は気にしませんか？

遠藤――そうですね。出場記録は長くいれば伸びるものなので、僕はそこまでは気にしていないです。ただ、周りは最多とか最年長とか、そういう記録には敏感な気がします。

堀江――それだけ長くいるっていうことは結構、いろんな監督と仕事をされたんじゃないですか？

遠藤――日本代表では、フィリップ・トルシエさんに始まって、ジーコさん、イビチャ・オシムさん、岡田武史さん（FC今治代表取締役会長）、アルベルト・ザッケローニさん、アギーレさんなので…6人です。

堀江――監督ってそもそも選手の好みもスタイルもまちまちだと思いますけど、その都度、あわせるのって難しくないんですか？

遠藤

僕はむしろそれが楽しかったですね。簡単に言うと、トルシエさんは約束事や規律が多く、ピッチでは機械的に選手が動くことを理想とする監督で、型にはめたサッカーをする人でしたし、ジーコさんは逆に選手のアイデアや自主性を重んじる、いかにもブラジル的な『フリースタイル』を良しとする監督でした。またオシムさんは自分たちの、ストロングポイント、ウィークポイントを明確にした上で、他国にはない日本独自のストロングポイントを活かしたサッカーを目指したし、それを引き継ぐ形で監督に就任された岡田さんは、『世界』に対して足りない部分を埋めつつ、常に自分たちが主導権を握ったサッカーをできるチームづくりを目指した。アギーレさんは一緒に仕事をする時間こそ短かったですが、僕は氏のサッカー観におもしろさを感じ始めていたところもありましたしね。って考えると確かにまちまちですけど、でも、基本的に僕は、新しいサッカーを吸収するのが早い方だし、そもそものスタイルがどういうものであれ…極端な話、自分の理想のサッカーと全く違っても新しいスタイルをものにできれば更に成長できるんじゃないかと思うタイプですから。それに、サッカーには『これが正解』というものがないからこそ、100人いたら100通りの考え方があっていいという考え方が自分のベースにありますからね。そういう意味ではその監督ごとのサッカー観をすごくポジティブに受け入れていたように思います。

スタイルを変えろと言われても、変えられるということですか？

いや全てをガラリと変えるのは無理ですよ。僕は基本的に、パスを得意とする『パサー』ですが、それがいきなり『ドリブラー』になれといわれても、それはできない。っていうか、そういう要求はされないですしね。少なからず、僕のスタイルを見て、代表に選出してもらっているので、そこまで大きくスタイルを変えろと言われることはまず、ない。ただ、選手によっては「これは自分の好きなサッカーじゃないからできない」とはねのける選手もいる中で、僕はそれをしないというか。だって、サッカー選手は試合に出てナンボですからね。監督に好かれたいという考えでサッカーをしている訳ではないけど、監督が『使いたい』と思う選手ではあるべきだと思う。だからこそ、自分と全く違うサッカー観をもっている監督のサッカーでも受け入れるべきだと思いますしね。っていうか、むしろ僕はそこに楽しさを見出している。例えば…同じ場所で、同じ山を見ていても、その山の色が赤、青、黄色と変化すれば、『今回は違う山に来たな』という感覚を持てるじゃないですか？　それと同じで、そうやって変化を楽しむのが基本的に好きなんだと思います。

堀江　でもそれだけ日本代表で活躍していれば…っていうか、最近の傾向では、日本代表に入り始めるとすぐに、だいたいの選手が海外に行ってしまう流れがありますよね。変化を楽しめる遠藤さんならなおさら、海外移籍を考えなかったんですか？　先ほど、クラブが許してくれれば行きたいという話でしたが、例えばもっと若い時に行こうという考えはなかったですか？

遠藤　いや、行きたかったですよ。若いときも行くチャンスはゼロではなかったですしね。ただ今の時代のように、ポンポンと海外に行けるような雰囲気でもなかったところはありました。もちろん、金銭的なことも厭わずに、どれだけ下がってもいいし、どの国でもいいから行きたい、と言っていたら移籍できていたかもしれませんが、自分の中でのボーダーラインがあったので、結果的にはそれに適うクラブはなかったということです。しかも、昔はJリーグのルールとして、移籍金が必ずかかりましたからね。例えば、ガンバで契約が切れたとしても、そこから何ヶ月後かまでは移籍金が発生するというルールがあったんですが、今はそれもなくなりましたから。今の時代なら、フリーになれば移籍金もかからないので、海外のクラブも手を出しやすくなったはずですが、当時は移籍金も含めると結構な額になりましたからね。それを出してでも日本人を獲得するかと言えば、そうでもないというか。それならアフリカの選手を獲るよ、という流れがあったのは事実だと思います。

堀江　今ほど日本人選手がリーズナブルではなかった、ということですか。

遠藤　そうですね。しかもＪリーグでは年齢に応じて移籍係数というものが設定されていて、要は若ければ若いほど、移籍係数が高かったので、それに邪魔をされていた感じもありました。でも、それが09年から撤廃されたというか…契約満了の選手が移籍する際には移籍金が発生しないというＦＩＦＡルールがＪリーグでも採用されるようになったので、若い選手が海外に行きやすくなったという流れはあります。

堀江　なんで、みんな海外に行きたがるんだと思いますか？

遠藤　単純に、海外のほうがレベル高いからだと思います。でも、個人的には試合に出られなかったら意味がないとは思っていますけど。

堀江　現実的に、日本のＪリーグよりレベルの高いリーグとなると、ヨーロッパだとどのあたりになるのでしょうか。

遠藤　クラブの質にもよるので一概には言えませんが、一般論として、ブンデスリーガ（ドイツ）、プレミアリーグ（イングランド）、リーガ・エスパニョーラ（スペイン）、セリエA（イタリア）は間違いなく上ですよね。ただ、日本人向きかどうかで考えると、僕はフランスは身体能力系のリーグだから日本人向きではないと思うし、プレミアも日本人には一番不向きだって言われていますけど、15-16シーズンはオカちゃん（岡崎慎司）のレスター・シティFCが優勝したことを考えても、僕はリーガ・エスパニョーラの方が難しいのかな、とは思います。逆に成功しやすいのは…外人枠のないオランダくらいだと、代表レベルの選手なら間違いなくレギュラーを獲れるんじゃないかと思います。

堀江――それじゃあ、逆にオランダに行く意味ってないんじゃないですか？

遠藤――オランダはある意味、ヨーロッパのスカウトがたくさん観に来ているという意味で『見本市』みたいなところもあるんです。要は外国人枠がないので、いい選手であれば試合に出ていますしね。なので、オランダを足がかりに強豪リーグにステップアップするというイメージを持っている選手には、すごくアピールの舞台になる。実際、日本からダイレクトでプレミアに行くより、オランダなどでワンクッションをおいてから行った方が成功しやすいとも思いますしね。

堀江　逆に、日本のJリーグはどうなんでしょう。さっき、遠藤さんはフリューゲルス時代にサンパイオとプレーしたっていう話をされていましたが、当時…いや、もう少し前の時代になるかもしれませんが、Jリーグにもすごい有名な選手とかがいたじゃないですか？　ジーコに始まって、ドゥンガ、レオナルド、ジーニョもいたし…ガンバならエムボマとかいましたよね？　それに比べると今の時代って正直、物足りなくないですか？

遠藤　物足りないっていうか、単純にそういったビッグネームに来てほしいなとは思います。例えば、近年、中国のCリーグに移籍している選手クラスがJリーグに来てくれたら、そりゃあ最高ですよ。

堀江　ですよね。僕もそれはすごく望んでいるところで、Jリーグのアドバイザーとしてもしきりに訴えているし、そのためにはとにかくもっとお金を引っ張ってこなければダメだと思います。外資規制がどうとか言っていると、そのうちJリーグは韓国のような草狩り場になってしまいますよと。シティ・フットボール・グループだってマリノスに出資していますが、本当はもっとお金をつぎ込みたいんですよ。でも規制が、規制が、と言われてしまう。それがいい例で日本のJクラブは本当にお金を引っ張ってくるのが巧くない。それが、規制があるからなのか、能力がないからなのか分からないですけど、もっとお金を引っ張ってきて、いい選手をどんどん呼べば、間違いなく人気も、リーグのステータスもレベルもあがるのに、そこにやけに慎重なんですよね。

新たなファンを獲得するためのＩＴメディア

堀江　ガンバはどうなんですか？　外資を入れたりしないんですか？

遠藤　今のところはしていませんね。パナソニックですからね。

堀江　でも、パナソニック自体はいま、世界のスタジアム運営というか、電子系の仕事やファシリティマネージメントみたいなことをやりたいと思っていますよね。であるからこそ、僕は実は１つ不満もあって。先日、ガンバの新しいホームスタジアムができたじゃないですか？　僕も市立吹田サッカースタジアムでのこけら落としは観に行ったんですが、素晴らしいスタジアムだと思います。でも欲を言うならば、もう少しお金をかけて、天井から吊るすような4面のビジョンをつけて欲しかったな、と。

遠藤　ヨーロッパのスタジアムでよく観るようなやつですね。

堀江　そうです。だって、パナソニックなんだから。電子系の仕事やファシリティマネージメントに力を入れようと思っているのなら、本拠地のショーケースでそれはやるべきですよね。いや、やるつもりだったのに、予算が足りなかったとか、スタジアムの構造的に無理だったとか、それはあるのかもしれないけど、でも僕がパナソニックのオーナーならまず、本拠地でやりますよ。こんなにいいタイミングで、今後、日本のサッカー界のモデルケースになっていくようなスタジアムができたのに、なぜそれをやらなかったのかが分からない。あと、僕は近代スポーツの成功のためには『臨場感のあるスタジアム』『スター選手』『ITメディアの活用』の3要素が欠かせないと思っているんですが、その最後の『ITメディアの活用』をするための準備があまり整えられていない。パナソニックなのに。だから、スタジアムが満員になるほど、ハーフタイムにインターネットが繋がらないということが起きてしまう。

遠藤　そうなんですね。僕たち、試合をしている選手にはなかなか目がいかないところですが、人が多過ぎて繋がらないということですか。

堀江　そうなんです。意外とみんなそこの部分を軽く見ているんですけど、僕はそれはどう考えてもおかしいなと思っているんです。だって、お客さんの立場にしてみれば『リア充』アピールをしたいわけですよ。今、Jリーグの試合を観に来ているよっていう…「吹田なう」って言いたいのに、携帯が繋がらないのはどうなんだ、みたいなことになる。いや、試合中はかろうじて繋がるんですよ。みんなが携帯を触っている訳ではないから。でもハーフタイムが全然ダメ。先日も埼玉スタジアムに試合観戦に行ったんですが、全くと言っていいほど繋がらなくて、どうしようもねえな、って思っていました。

遠藤　スタジアムに足を運んでくれた人たちが、こぞって「吹田スタジアムなう」ってつぶやいてくれたら、それは宣伝にもなりますよね。

堀江　そういうことです。でも僕としては、できれば選手にも試合が終わったあとは、どんなことを感じているのか簡単でいいので、必ずつぶやいて欲しいですけどね。

遠藤　何人かの選手は試合が終わって、結構早いタイミングでつぶやいているみたいですけどね。ただ、勝ったときはいいけど、負けたときはどうなんだ、とも思うし…。

堀江　選手の皆さんが無理でも、スタッフができるだけ早く情報をつぶやくとか。

遠藤　でもチームによってはロッカールーム内は携帯電話が禁止だったりもしますからね。うちの監督（長谷川健太）も移動のバスの中では携帯で話すのも禁止ですからね。メールを打つのは大丈夫なんですが。でもそういうことも、ある意味、チームの宣伝になるということですよね？

堀江　そうです。そこは客商売なので、Instagram とか Twitter は積極的にやるべきだと思います。それで絶対にお客さんの付き方が変わってきますし、ひいては集客にも繋がるはずです。要はそういうことも含めて何を言いたいかというと、サッカーをたいして好きじゃない人たちが、サッカーを観たいと思うような環境を作れるかどうかは、今後のJリーグの明暗を分けるところだと思います。プロ野球のファンだって、そこの層を取り込めているから、毎試合ある程度の集客を見込めている。もっともそれは、街中にスタジアムがあるからなんですけどね。街中にあれば、弱くても客は来るんです。野球がそうじゃないですか？　今、広島カープはめちゃくちゃ人気なんですけど、それはやっぱりマツダスタジアムがいいからなんです。あと、この間、久しぶりにハマスタ（横浜スタジアム）に行ったんですけど、ハマスタもずっと満員なんです。繁華街にあることが前提ですが、それに加えて、今までやっていなかったことを始めただけでグッと集客が伸びた。あそこはいま、自分たちでベイスターズ・エールってビールまで作っていますからね。実は、ビールってすごく儲かるんです。横浜のスタジアムにおけるビールでの年間売り上げは8億円ですからね。しかも、野球って結構試合数が多くて、毎日のように行われているし、当然、ホームゲームの数もすごく多いので、それもあっての8億円なんですけど。

遠藤 —— 他のプロ野球のチームも、そうやって地ビールみたいなものを作っているんですか？

堀江 —— いや、ビールを作った球団は横浜が初めてですね。もちろん、製造委託をしているし他の銘柄のビールも売っているんですけど、それでも約半分の4億はベイスターズ・エールで、利益率がだいたい50％なので、それだけで利益は2億っていうことです。でかいでしょ？　もっともサッカーは試合数が少ないからそこまでの効果はないはずで、おそらく3分

遠藤　の1くらいにしかならないとは思いますけど、それでも1〜2億は売り上げるんじゃないですか？　ガンバの市立吹田サッカースタジアムはビールを売っているんですか？

堀江　売っているはずですよ。でもアサヒビールがスポンサーについているから、アサヒビールしか売っていないんじゃないかと思います。

遠藤　そうか、スポンサーの問題があるんですね。だから、全部を地ビールに変える必要はないんですよ。ハマスタだって半分は他のビールメーカーが売っているんだから。

堀江　要はスタジアムの名物になるような、そこでしか売っていないものを売り出すというのも1つということですよね。ただ、街中にスタジアムって現実には、難しくないですか？　もちろん、街中にあれば「ちょっと行ってみるか」っていう気にもなるだろうし、簡単にリア充アピールの1つに使ってもらえそうですけどね。

遠藤　そうなんです。それが仕事が終わって、1時間とかかけて行かなければいけないとなれば、かなりの気合いを入れないと足が向きませんからね。よほど好きな人じゃないと行きません。そこはプロスポーツ界においてサッカーが後発だから仕方がないところもあるんですけどね。プロ野球は戦後のどさくさに紛れて、全部都心に作れたけど、サッカーはそれに比べるとかなりの後発ですから。でもそこは、再開発にうまく乗っけるとか、努力次第でどうにかできると思うので。それに、その『気合いをいれなきゃいけない感』っていうのが僕は何かすごく嫌なんですよね。日本のスポーツの良くないところだというか…どこか学校体育から抜け出せない感じがして仕方がない。でもアメリカの人たちなんて適当ですよ。観客の3分の1はまともに試合を観ていないと言っても過言ではないと思います。でも、そんな緩い感じでスタジアムに行くことが雰囲気的に許されているから、その層が年に数回はスタジアムにやってくるという見方もできます。

遠藤　──僕は実はサッカーをスタジアムに観に行ったことが殆どないんです。基本、サッカーはやるので十分だと思っているので。でも、アメフトのスーパーボウルなら興味があるのでぜひ行ってみたい。にしても、アメリカはスーパーボウルもそうですけど、スポーツをショーアップするのがすごく巧いですよね。

堀江　──メジャーリーグサッカーも、とうとうJリーグの市場規模を超えましたからね。基本的に選手はリーグが所有していますが、チームごとに3人

遠藤　その走りがベッカムだったと思いますが、いまやすごい選手がいますからね。僕は日本代表戦でチームを離れていたので出場していなかったんですが、08年にガンバが初めて、ハワイで行われたパンパシフィック選手権に出場した際には、それこそロサンゼルス・ギャラクシーというチームにベッカムがいました。ただ、現実的に日本人があの枠に入るのって難しくないですか？

堀江　僕はそんなことはないと思っています。やっぱりビジネスですからね。日本に放映権を売りたいと考えても、例えば本田圭佑（ACミラン）さんとかなら獲りたいんじゃないですかね。それだけで日本に放映権を売れるから。ただ、日本人はまだそこをビジネスライクには考えられないんですよね。多少レベルが劣ってもアジアの選手を獲得して試合に出せば、アジアで放映権が売れるのに、プライドなのか、そこに積極的に乗り出しているクラブが少ない。コンサドーレ札幌はその感覚を持っているのでベトナムの選手を獲得していましたけど、Ｊ２のクラブならなおさらやるべきです。選手のレベルだって、そこまで大差があるとは思わないですしね。

遠藤　先日、U－23日本代表が戦っていたベトナム代表戦をみていても、いい選手が何人かいましたからね。

堀江　それ、僕が出演した『FOOT×BRAIN』でも話題になっていました。そのときの出演者の方々も、2～3人はいい選手がいたという話をされていましたね。

遠藤　しかも、タイやベトナムは意外とサッカー人気も高い。いろんなお店で、常にプレミアリーグの試合が放映されていたりもしますしね。

堀江　いやいや、タイなんて、意外どころか、めちゃくちゃ人気があると思いますよ。だから、そこに目を付けたプレミアリーグがバンバン放映権を売りまくった。その布石があって、今ではタイの富豪がプレミアリーグのチームを買ったりもしていますしね。うかうかしていたらJリーグは抜かれますよ。

遠藤　ガンバも昨年のAFCチャンピオンズリーグでタイのブリーラム・ユナイテッドと対戦したんですが、すごくいいチームでした。スタジアムはサッカー専用で雰囲気もいいし、人気もある。僕らは一応勝ったんですが、その前年度にセレッソ大阪は引き分けていたし、ブリーラムとのアウェイ戦で日本のJクラブが勝利したのはガンバが初めてだったそうです。そのことが示すように、これまでのACLにおけるJクラブにとってのタイのチームって、勝ち点3を計算できるチームだったのですが、今やそうではなくなったということだと思います。たとえ負けてもおかしくないくらいのレベルにあるし、実際、アウェイで戦ったブリーラムはめちゃめちゃ強かったですから。ACLを戦うとそういうリーグのレベルの変化も顕著に感じます。

堀江　向こうの金持ちって、日本の金持ちとは桁違いだし、ちゃんとスポーツチームにお金を掛けるんです。でも日本はそうじゃないんですよね。孫正義さん以外は。

遠藤　福岡ソフトバンクホークスの経営も、外から見ている限り、ちょっと桁違いな感じはしますよね。

堀江　孫さんはいきなり、福岡ドームをダイエーから買収して、福岡ソフトバンクホークスのオーナーになって、ボーダフォンを買収して、ってポンポンポンとお金をかけましたからね。ちょうとソフトバンクが携帯電話事業に参入したタイミングで野球チームを買ったんですが、あれはソフトバンクにしてみれば全然、安い買い物だったと思います。だって野球チームを持つってすごく大事なことですからね。オリックスだって、野球チームを持つまでは、オリエント・リース株式会社という、誰にも知られていないような会社でしたからね。でも、野球チームを買って、すぐオリックス株式会社に社名変更したから一気にメジャーになって、今では誰でも知っているような会社になった。そこは経営判断もすごく良かったし、お金の掛け方も桁違いでしたけど、それに比べると三木谷（浩史／楽天株式会社代表取締役会長兼社長・最高執行役員／東北楽天ゴールデンイーグルス代表取締役会長兼球団オーナー／株式会社クリムゾンフットボールクラブ代表取締役会長）さんは正直、ちょっとケチ臭いです（笑）。野球も、サッカーも手を出している割にはどちらも中途半端だし、あの人、FCバルセロナにお金を掛けているんですよ。海外進出を狙っているから。じゃあ、ヴィッセル神戸はどうするんだ？　って話ですよ。だから実際に中途半端なチームにしかなっていない。僕なら、バルセロナにお金を掛けるくらいなら、間違いなくヴィッセルに掛けますよ。だって、成長余地が高いから。野球だって、それこそ06年の高校生ドラフト会議で、島田球団社長（当時）さんのくじ運が良くてマーくん（田中将大／ニューヨーク・ヤンキース）を獲得できたから良かったけど、あれがなければヤバかったと思いますよ。だって、明らかにマーくんでもっているチームでしたからね。日本シリーズに勝ったときなんて、マーくんは何勝したと思います？　レギュラーシーズンで負けたことがなかったんですよ。なのに、僕が日本シリーズを観に行った日に、初めてマーくんが負けました（笑）。

遠藤　ある意味、持っていますね（笑）。確かその翌日も途中から登板して投げたんじゃなかったんでしたっけ？

堀江　そうです。2連ちゃんで投げて日本一になり、胴上げ投手になった。でも、あそこでマーくんが出て来たら、打者だってもう、打てないですよね？

遠藤　確かに、気持ち的にはそうなりますよね。サッカーで言うところの、最後の最後にカズさん（三浦知良／横浜FC）が出てきたら、そこにスライディングをしてボールを取りに行けないでしょう、となるのと同じです（笑）。でも話を戻しますけど、三木谷さんくらい資産を持っている人が、莫大にヴィッセルにお金を掛けて、いい選手を獲りまくって、トップ中のトップみたいなクラブを作ってくれたら、Jリーグは絶対に盛り上がると思うんですけどね。お客さんも絶対に観に来たいと思うでしょうし。

堀江　今のJリーグでそれをしたら一気にスターダムにのしあがることができるのに、それはしない。っていうか、あの人にそれはできないと思います。

これからのターゲットはアジア

堀江　遠藤さんは今、何歳ですか？

遠藤　36歳です。早生まれですけど。

堀江　ご自身より年齢が下の監督もいらっしゃったりしますか？

遠藤　今のところ、一緒に仕事をしたことはないですね。でも、確かに若い監督は増えたと思います。小倉隆史さんも名古屋グランパスの監督をされていましたしね…って特に面識はないんですけど、何か時代を感じます。

堀江　小倉さんで何歳ですか？

遠藤　43歳だったと思います。

堀江　小倉さんが43歳で監督で、現役選手のカズさん（三浦知良）はもうすぐ遠藤　50歳になろうとしているじゃないですか。どんな感覚でされているんでしょうね。今やカズさんより年下の監督さんもたくさんいらっしゃるかと思うんですけど、やりにくさとかないんでしょうか。

遠藤　どうでしょうね。僕がもし自分より年下の監督と仕事をするとなったら、僕はそんなにやりづらくないと思います。どちらかというと、監督の方がやりづらいんじゃないですか（笑）。でも僕はカズさんの年齢まで現役をするのは無理だと思いますけど。

堀江　確かに僕と大して変わらないですからね。って考えたら驚きしかない。僕、実はサッカー関連の仕事のスタートは、カズさんのウェブサイトを作ったのが最初なんです。フランスW杯のメンバーから落選して、イタリアから帰って来たときにも、カズさんのコメントをアップしたんですけど。そしたら、すごいアクセス数でサーバがダウンしちゃったんです。カズさんの落選がなかったらフランスW杯にも行く気満々だったんですけどね。忙しいスケジュールの合間をいかに縫って、フランスに行くかを散々考えていたのに（笑）。だから、未だに…先ほど名前が挙がった岡田さんには結構、複雑な思いを抱いています。どちらかというと経営者の方たちって、岡田シンパが多いんですけど、僕はシンパにはなれない。…

っていうくらいの衝撃でしたよね。

遠藤　確かに衝撃でしたよね。

堀江　これが最後のチャンスになるかもしれないんだから出してあげたらいいのに…って思ったのは僕だけじゃないはずです。

遠藤　1ファンとしては僕もそう思いました。

堀江　それになんだかんだ言って、精神的支柱でしょう？　そういう存在って絶対に必要でしょう。カズさんを外したからフランスW杯でも勝てなかったんだって思った人も多かったはずです。

遠藤　結果が出なかったら尚さらそうなりますよね。でも、僕はさっきも話したように、南アフリカW杯のときに岡田さんと一緒に仕事をさせてもらいましたけど、サッカー観も豊かで、考え方もすごく面白いし、指導者としての魅力は感じました。ボールの支配率を高くして、相手より多く走って勝つことを軸にしながら、常に自分たちが主導権を握るサッカーを目指したのも楽しかったし、でも、思考の部分も含めて、柔軟に考えるべきことは考えて勝つことを目指せる監督でしたからね。最終的には南アフリカW杯で戦い方を変えたところもありましたが、あそこで変えられる監督もなかなかいないですしね。それを一緒になって取り組めたのはいい経験だったし、岡田さんに出会ってまた新たなサッカー観が植え付けられたような感覚もありました。

堀江　多分そうなんだろうなっていうのは、岡田さんがあちこちで話していらっしゃるのを聞いていても分かるんですよ。でも、僕は未だに、どうしてもあの1件が、喉に刺さった骨のように引っ掛かっているんです（笑）。あのとき外れたのは、カズさんと北澤豪さんの2人でした?

遠藤　あと市川（大祐／ヴァンラーレ八戸）ですね。でも、逆にフランスW杯メンバーには僕と同学年の小野伸二（北海道コンサドーレ札幌）が入ったんです。プロ1年目で…しかもW杯の開催が6月だと考えれば、プロになって半年しか経っていないときに選ばれたことになりますからね。今考えるとすごいことだと思います。しかも、3戦目のジャマイカ戦では途中出場でピッチにも立ちましたから。同世代の僕らにしてみたら、伸二が選ばれたことはものすごい刺激でした。カズさんの衝撃がインパクトあり過ぎて、そっちのインパクトが薄れちゃっている感じがしますけど（笑）。

堀江　でも、あそこでW杯に出られなかったことは、カズさんの中でもどこか引っ掛かっているんじゃないかと思うんですけどね。もちろん、ご本人は否定されると思いますけど、それが今も現役に拘り続けている理由というか…あれがあったからここまで長く現役でプレーされているのかもしれないですしね。遠藤さんは、50歳までは本当に無理だと思いますか？

遠藤――無理です。

堀江――そんなアッサリ（笑）。でも、日本代表でも最多出場記録を持っていらっしゃるんですよね？

遠藤――長いことプレーしていれば、数字は確実に伸びていくものなので。それは日本代表に限らず、Jリーグでも同じですよ。

堀江――すごいですよね。

遠藤――すごいですね。

堀江――やっぱり他人事みたいですね（笑）。根本的な質問で申し訳ないんですけど、なんでサッカーを始めることになったんですか？　鹿児島出身だと聞いていますけど、盛んだったんですか？

遠藤――鹿児島の桜島で生まれたんですけど、サッカーが盛んというか…サッカーしかなかったですね。兄が2人いるんですが、2人ともサッカーをしていたし、街全体がサッカー、サッカーみたいな。運動神経がいい奴は、

堀江　全員、サッカーをしているような場所でした。

遠藤　そんなイメージはないですけどね。

堀江　あ、でも僕が通っていた鹿児島実業高校は、野球も強かったです。僕よりもう少し上の世代になってくると野球のイメージの方が強いかもしれません。

遠藤　前園（真聖）さんも確か、鹿実出身でしたよね？

堀江　はい、先輩です。うちの長兄と同じ年で、次兄が城彰二さんと同い年でした。今はずいぶん太っちゃって面影がないですが、2人ともすごい選手でしたからね。あ、ゾノさんはそこまで太っていないな。

遠藤　前園さんはこの間初めて、テレビで一緒になったんですけど、あの人は天然っぽいですね（笑）。俳優の勝村政信さんとか、秋田豊さん、都並敏史さんらが一緒に出演していて、何度もカンペで「前園さんに振ってください」って出されていたんですけど、なかなか振るのが難しい、みたいなことになっていました（笑）。

堀江　あの…ゾノさんは僕の先輩なので、そこはノーコメントで（笑）。しかも兄貴と一緒だったから、小学5年くらいから知っている人ですしね（笑）。でも、当時は本当にめちゃくちゃサッカーが巧くてヒーローでしたよ。アトランタ五輪で一気にグググと知名度が上がって、名前も売れましたし。ちなみにうちの次兄も、アトランタ五輪のメンバーで、10番でした。

堀江 ― そうなんですね。遠藤さんのサッカーもお兄さん方の影響を受けているものなんですか？

遠藤 ― 影響を受けたというか、僕は子どもの頃からずっと2人の兄が目標でしたからね。3人で家の庭でボールを蹴ることもしょっちゅうありましたが、子どもの頃は特に年齢の差が体格の差でもあったりしますからね。全く歯が立たなかったけど、いつも何とか兄貴からボールを奪ってやろうと必死でしたよ。堀江さんは、スポーツは何かされているんですか？

堀江 ― 僕は全くです。球技なんて特に全然ダメですね。持久系ならまだ頑張れますけど。

遠藤 ― 根性で（笑）？

堀江 ― いや根性というか…あれはただの我慢大会ですね。マラソンやアイアンマンレースで完走したりもしているんですけど、ああいうのは我慢強くやれば何とかなるので。この間は初めてウエイクボードにチャレンジしたんですが、あれも結構、見ているより難しかったです。なかでも、ワ

遠藤　イヤーウエイクボードというのはワイヤーで引っ張ってもらえるのでスピード感もあってめちゃめちゃ面白いんですけど、下手したら、水面に叩き付けられて、痛いなんてもんじゃないくらい痛さを味わいます。たまにそれで骨折する人もいるそうですからね。まぁ、でもあれも運動神経のある人がやればさっとできるはずだから、遠藤さんもやればできるんじゃないですか？　サッカーも持久力が求められるスポーツでもあるし、根性は間違いなくありそうだし。

堀江　いや、僕の根性は、サッカーのときにしか発揮されないんです。他のことには根性、根性とは思わないので。だから例えば高校時代に学校の授業でマラソンをするじゃないですか？　あれもおそらく真面目に走ればそれなりに速かったはずなんですけど、マラソンで一番になったところで、サッカーがうまくなるわけじゃないですからね。そんなところで必死になるより、放課後のサッカーに体力を残しておきたいので「絶対に一番になろう！」なんて気はサラサラありませんでした。それならサッカーで一番になれるように頑張ろう、みたいな。

遠藤　面白い。負けず嫌いではないんですか？

堀江　負けず嫌いですよ。サッカーだけは。でも、他のことは負けても全然気堀江——になりません。その方が効率はいいし、サッカーが得意なんだからサッカーに特化して頑張るという考え方は、僕は賛成です。そういえば、さっき、僕は近代スポーツの成功には欠かせない3要素があるっていう話をしたじゃないですか。

遠藤——スタジアム、スター選手、ITですよね。

堀江——そうです、そうです。うち、2つ目の『スター選手』についての話を今日はしたかったんですけど、遠藤さんってこれだけキャリアを積まれて、代表での経験も豊富じゃないですか？　どうですか？　街を歩いていたら、普通に「うわ～っ」って一般人がざわついたりしますか。

遠藤——どうでしょう…「あ！」くらいの感じになることはありますけど「うわ～っ」となったり人だかりができるようなことはまずないです。

堀江——でもそれって寂しくないですか。だって、今の現役選手の中ではJ1リーグに一番出ている遠藤さんが、ともすれば素通りされてしまうんですよ。イコールJリーグでプレーする他の選手にも同じことが言えるんじゃないかと思います。

遠藤——確かに、チームメイトに今野泰幸っていう選手がいるんですけど、彼は五輪も経験しているし、W杯も2度も出場しているんですよね。それなのに、サングラスとか帽子とかで、何1つ変装しなくても普通にスルーされますからね（笑）。確かにちょっと地味なところはあるとはいえ、Jリーグにも余裕で400試合くらい出場している選手なのに、スルーです。

堀江　それって実は今のJリーグの大問題のひとつだと僕は思っています。だって、スター選手って作るものだから。もちろん、その人の持っているポテンシャルというのも多少は影響してきますが、基本、スターって作るものなんです。例えばJリーグ発足当初のカズさんを思い出してください。カズさんはJリーグ内でどのくらいの地位にあったか、サッカー選手としてのポテンシャルがあったか、才能があったか、と考えれば僕はぶっちゃけ、ナンバー1ではなかったと思うんです。でも、彼は圧倒的な人気を誇るスターでしたよね。もしかしたら今でもサッカーのことをあまり知らない人に「Jリーグで知っている選手はいますか？」ってアンケートを取ったら、おそらく一番名前が出てくるのはカズさんだと思います。でもそれって、どうなんだって話ですよね。だって、遠藤さんたち、トップリーグの第一線で活躍している選手より、J2リーグでプレーする50歳近いカズさんの方が知られているということですから。でもそれはリーグだとかクラブが意図的にスターを作り出す努力をしていないからなんです。意図的に、オフシーズンにはテレビ番組にバンバン出演させたり、広告代理店に大枚をはたいてでも、プロジェクトを作ってスターを作り出すという努力をしていない。でも、スターがいればスタジアムに足を運ぶ人は絶対に増えますよ。グッズを作れば必ず売れるし、メディアに出れば視聴率もあがる。

遠藤——カズさんは特別ですけど、確かに未だにカズさんがJリーグきってのスターではいけないのかもしれない。実際、テレビ出演している顔ぶれを見ていても、試合に絡めている選手が取り上げられることはあっても、それ以外で顔を見るのってほんの一部の選手ですかね。しかも、ヨーロッパでプレーしている選手たちが帰国するとなれば、間違いなく彼らがクローズアップされて、下手したらJリーグの露出が削られてしまうくらいですから。

堀江——でしょう？　だからクラブが意図的に作るしかない。代理店に頼めないなら、クラブが営業しまくって、自力でスターを作り出すしかない。1人でもそのクラブにスターがいれば、絶対に人気は出ますよ。Jリーグ発足当時だって広告代理店にお金を払って意図的にラモス瑠偉さんをフィーチャーしたりしていましたからね。そういう仕掛けは必要だと思います。話はそれますが、今、僕も新しいプロジェクトに取り組んでいるんです。Jリーグとは全く関係のない話で恐縮ですが、予防医学のプロジェクトなんですが、例えば、『がん保険』というのは、がんになってからの保険じゃないですか？　『ポリデント』が入れ歯をしなくてはいけなくなってからの安定剤だというのと同じで。でも、がんにも、歯周病にもならなければ、がん保険もポリデントも必要ないじゃないですか？　この理屈は分かりますよね。

遠藤　―― 分かります。

堀江　―― だから、予防医学なんです。今の時代、年間5万人くらいの方が胃がんで亡くなっているんですが、その胃がんの原因って99％以上がピロリ菌なんです。遠藤さんはピロリ菌を持っているか検査したことはありますか？

遠藤　―― ないですね。

堀江　―― 実は僕もなかったんですけど、最近やりました。40歳を過ぎると急激に胃がんにかかる確率が高くなるらしいので、遠藤さんもやった方がいいです。

遠藤――検査方法は簡単なんですか？

堀江――めちゃめちゃ簡単です。尿検査でもできるし、胃に内視鏡をいれても検査できる。で、もしもピロリ菌がいたら抗生物質で除菌するんですが、それで9割方、除去できるんです。で、僕の言いたいのはこのピロリ菌の話ではなくて、ＰＲの話なんですけど。いまプロジェクトを組んで『ピロリ菌検査をしようキャンペーン』的なことをやっているんですね。『ピ』という文字でゆるキャラを作ったり、テレビでよく出演者の方が「〇〇と付き合っていた」みたいな話になったときに、実名のところが消されるじゃないですか？　そこにピロリ菌の除菌マークである『ピ』のマークを使ってもらえないか、とか。あと、以前にＡＬＳ（筋萎縮性側索硬化症）の研究を支援するためのアイス・バケツ・チャレンジって流行ったじゃないですか？　あれみたいにどうやってインフルエンサーに広げていくのか、とか。そういうキャンペーンを考えたりしているんです。というのも今の時代って単にテレビに出るだけじゃダメなんです。社会的な運動だからこそ協力してくれるので、そういうところまで想像して、細かなキャンペーンを考えている。ようは、そういう複合的なマーケティングや宣伝をしないと、なかなか世の中に定着していかない。であるにも関わらず、Jリーグはそこが全くできていないって話です。だから、ガンバもいま、頑張らないといけないんです。新スタジアムができたのはすごい進歩だと思うんですけど、そこにスター選手が存在すれば最強だよ、と。だからこそ、無理矢理でもいいから、スター作りをどんどん仕掛けていく。かつて新庄剛志がメジャーから北海道日本ハムファイターズに戻ってきたときにいろいろやったじゃないですか？　あれで、すごく盛り上がって、日ハムは北海道に根付いたところもありましたからね。

遠藤　それを…やってください。遠藤さんが。

堀江　僕ですか（笑）。でも僕は、そういうキャラじゃないので。

遠藤　いや、そういうキャラじゃない人がやるから一番効果があるんです。

堀江　これからチームを背負っていくような、僕よりもっと若い選手がやったほうがいいんじゃないですか？

遠藤　いや、もはや若いとかベテランとか関係ないんです。

堀江　確かに新庄さんが日ハムに戻ってきたときって…30歳は過ぎていましたね。

遠藤　32歳とかだったんじゃないですか？　カズさんは50歳でスターなんです

から、年齢は関係ありません。

遠藤――確かに（笑）。

堀江――例えば「マンガ」に登場するとかね。『GIANT KILLING』の作者のツジトモさんだって、めっちゃ協力したがっているんですよ。そりゃあ、そうでしょう。だってサッカーが好きじゃなければあんなマンガは書けないですよ。

遠藤――天皇杯のパンフレットの表紙もここ数年描いてくださっていますしね。

堀江――遠藤さんもマンガは読んだでしょう？　『キャプテン翼』なんて、どれだけのスター選手を輩出したか。僕は『キャプテン翼』で育ちましたから。

遠藤――僕は『SLAM DUNK』です。

堀江――え？　なんで『SLAM DUNK』なの？

遠藤――バスケットっていいな〜と。あれを読んでいつも「バスケをしてぇ〜」って思っていました。

堀江――ちょっとずつ面白いですね（笑）。でも冗談ではなく、『キャプテン翼』が果たした役割はすごく大きいと思います。あそこで描かれた世界が今、現実になっているところも大いにありますしね。で、話を戻しますけど、

遠藤――だから今のJリーグを変えるためにも、スターです。国民的な、長嶋茂雄さんや王貞治さんみたいなスターになってください。

堀江――僕ですか（笑）。でも確かに、個人で国民栄誉賞をもらったサッカー選手っていませんからね。プロ野球界にはいるけど。

遠藤――国民の100人に聞いたら、100人が知っています、みたいなスター選手が必要なんです。

堀江――僕、そんな強烈なキャラではないですけどね。

遠藤――いや、キャラは何でもいいんです。遠藤さんのような「ゆるキャラ」でもいいし、ヒールもいれば、ベビーフェイスでもいい。そこは千差万別のキャラクターでいいと思います。だって、大相撲の朝青龍ってすごかったじゃないですか？　白鵬も確かにすごいんですけど、でも彼だけではつまらないというか。それが『白鵬対朝青龍』になると、めちゃくちゃ盛り上がって面白かった。しかも、優勝決定戦で朝青龍が勝つと、これがまた憎らしくて（笑）。でも、あの髪を振り乱して「どうや！」みたいな感じになるのがいいんですよね。ヒール役ってみんな嫌がるんですけど、でもその存在感は絶大ですから。

遠藤――じゃあヒールでいきますか。あえて、ここからヒール役を買って出ますか。

堀江

そこは考えた方がいいとは思いますけど、でもそうやって選手が自分にあったキャラクターを知るというのも大事だと思います。って言っておきながら実は僕も、もともとは「そんなのクソだ」って思っていた側の人間だったんです。でも2年前に『ゼロ』（ダイヤモンド社）っていう本を出したんですね。僕が出した本の中で一番売れている本なんですが、その企画をスタートさせるにあたって「俺は100万部売りたいんだ」っていう話を編集チームに相談したら、編集部がどんどん注文をつけてくるんです。「これをやってください」「100万部を目指すならこれもやらなくちゃダメです」と。そのときに「堀江さんがこれまで出された本はいいことが書いてあるんですけど、結論しか書いていないからダメなんです」と言われたんですね。要は過程がいるんだ、と。それはなぜかと言えば、堀江貴文という人間に共感しないと読んでくれない層がいるから、と。っていうより、読者の殆どがそうだ、と。それは結構、驚きでした。僕自身はいいことさえ書かれてあれば誰の本でも読むのでそんな風には思っていなかったんですが、世間一般の殆どの人たちがその人間を好きか嫌いか、自分と似ているかどうか、共感できるかで判断する、と。そこでオバマさんが大統領選に当選したときの戦略を踏まえて『MeとWe、Now』だと言われたんです。まず『Me』、つまり私のところで言うと、要はオバマさんってめちゃくちゃエリートなんですね。裕福な家庭で育ち、めっちゃいい大学に行って、弁護士で…ってある意味、『鼻につく』人なんです。だから一歩、やり方を間違うと嫌悪されるタイプであるはずなんですが、あの人は、殆どの有権者の人たちに共通する部分を前面に打ち出した。要は「僕は黒人で、マイノリティで、差別もされてきて、でもそれとずっと戦ってきました。一生懸命努力していい大学にも行き、弁護士になって、上院議員にまで這い上がりました」というストーリーをつくる。そうすると世間は共感してくれるんです。「俺もオバマと一緒だ」と。その上で次に『We』、自分と有権者との共通点を作るんです。つまり僕で言うと「働く」という共通点を作った。「僕も働いている。君も働いているだろう？」と。それが『We』です。そこまでいった上で、あとは結論の『Now』を書いたら、その人の言う言葉が自然とスッと入ってくるんだ、と。それまでの僕も『Now』のところでは同じことを言っていたし、書いていたんですけど、『Me』と『We』は飛ばしていたんですね。でも、そこを書くから『Now』が本当にその人の懐に入っていくし、マジョリティに受けるコンテンツになる、と。その部分がJリーグの選手も、結構欠けているんじゃないかと思うんです。一人ひとり、ストーリーがあるはずだし、なければストーリーになるように作っていけばいいんですが、今のJリーガーってどちらかというと、一般人からみて「自分たちとは全然違う人種で、子どものころから運動神経が良くて、スポーツエリートで、リア充で、昔からモテたんだろうな」ってイメージですよね。そうなっちゃうと、断絶されちゃってファンにはなってもらえない。だけど、いや違うんだ、と。例えば遠藤さんなら、俺は3人兄弟の末っ子で、コンプレックスを持って生まれたんだ、みたいな…想像ですよ。いつも兄ちゃんたちと比べられて育って、でも頑張って這いつくばって、3兄弟の中で一番活躍できる選手になったんだ、みたいな。そういうストーリーを作って共感させる、とかね。

遠藤――リアルにそうですけどね(笑)。おまけにシドニー五輪は予備登録選手だったし、ドイツW杯はフィールドの選手の中で1人だけ試合に出られなかったですしね。でも実際、だから南アフリカのW杯に出場されたときにクローズアップされたところもありましたからね。世の中は…なん

堀江

ていうか、そういう努力とかドラマチックな過程に共感してくれるというのは、よく分かります。実の僕はたいして何も思っていないんですけど（笑）。

だから、そこも本当に何も思っていないのか、って話ですよね。遠藤さんについてまわって、実は本当の姿は違うんじゃないかってことを暴くライターが出てきてもいいと思う。遠藤さんは、そんなドラマチックなことじゃないと否定し続けたとしても、ね。そう言えば僕の友達でダイヤモンドダイニングという飲食店グループの社長がいるんです。まっちゃんって呼んでいる松村厚久さんっていうんですけど、その彼があるとき、若年性パーキンソン病という身体がほとんど動かなくなる病気にかかってしまったんです。で、まっちゃんともいろいろ話をしている中で「とにかく、最初にパーキンソン病であることをカミングアウトしよう」という話になった。で、それまでも彼をずっと追い掛けていたノンフィクション作家の小松成美さんっていう方が、『熱狂宣言』（幻冬社）という書籍にして半年くらい前に発表したら、どんどん取材が来るようになって、今やドキュメンタリー番組に出演したりもするようになった。もちろん人によって「俺はそんなことをしなくても実力で勝負するんだ」

遠藤

って言うかもしれない。でも、それは個人にとっての話で、リーグ全体だとかクラブ全体の人気ということを考えるとそうじゃないよね、ってことです。だからこそ遠藤さんにも…もちろん、遠藤さんのこれまでのキャリアは素晴らしいと思うんですよ。でも、その遠藤さんだから今、やらなきゃいけない立場にあるんじゃないかと思うんです。もちろん、そんな風に殊更に自分の持っている力をアピールするのって、こっ恥ずかしいし「俺には向いてない」って思うんでしょうし、だから今までもそういうことをされてないと思うんですけど、でも、Jリーグの発展にはすごく必要で、大事なことだと僕は思います。

正直、僕はあまり好きじゃないんですよね。こんなことをやっている、あんなことをやっているって自分の努力というか、過程を話すのは。サッカー選手って『結果』で評価されるスポーツで、努力するのも当たり前、巧くなるために常に新しいチャレンジをするのも当たり前のことだという考えが先にあるし、そういう過程で…巧く言えないけど同情を買いたくない。いや、正直、めちゃめちゃ努力していますよ。でも、これで飯を食っているんだから当たり前でしょ、と。どんな過程があろうとも、結果を出した者が勝ちでしょ、っていうところで勝負したいと思っ堀江――てしまう。

おっしゃることはよく分かります。僕もさっきも言ったように、根本は、そんな過剰に自分をアピールする必要ってあんの？　売れたらいいじゃん、と思っている質なので。だからJリーグの発展を願えば、っていう話ですよ。遠藤さん個人のためということではなくて。でも…個人のためでもあるかもしれないですね。だって失礼な言い方ですが、遠藤さんはいま36歳でサッカー人生として考えると、ここから先は下り坂になっていくじゃないですか。でも、僕は下り坂の美学というのもあると思うんです。人生って誰にでも下り坂はあるわけで、でも下り坂だけど頑張っているというところに共感する人も多いはずだから。そういう切り口もありだと思います。そういうのは考えたことはありますか？

遠藤――ないですね。ないというか…まだまだいけると思っています。

堀江――それもいいですよね。年齢的には周りは下り坂だと思うだろうけど、「俺は全然、そんなことねえよ」と。それも1つのやり方、売り方であってもいいと思いますしね。

遠藤――基本、僕もいろんなことに反発していきたいタイプなので、気持ちは常に、そう思っていますけどね。

堀江　であるなら、ぜひ、引退するまでの間に、反発する姿を売り出してください。それを現役を引退してからやったって意味ないですからね。現役時代にやらなければJリーグ発展のためにはならないですから。そこはクラブの方も仕掛けるべきですよ。っていうか、そこはクラブの広報、マネージメントの仕事です。こんなにいい素材がいるのに、野放しにしておくのはもったいない。

現状に常に危機感を持つ

堀江　さきほど、パナソニックの話で少しスタジアムの話が出ましたが、実はこけら落としの前にも、市立吹田サッカースタジアムの中を見学させていただいたんです。

遠藤　ピッチには降りられましたか？

堀江　降りました。降りて、走りました（笑）。衝動に駆られて、つい、少しだけ芝の上を走ってしまいました。あれは、走りたくなりますよ。すごく気持ちのいい空間でしたから。

遠藤　そうですね。いいスタジアムだと思います。問題は、お客さんがどれだけ入るか。満員になれば最高だと思いますよ。専用スタジアムでスタンドも近いし、照明もＬＥＤだったりして、演出もいろいろ考えられますから。

堀江　あとは使い方ですよね。宮本恒靖さん（ガンバ大阪ユース監督）と対談させていただいたときにもお話ししたんですが、僕は交流戦をやったらどうかと思っています。普段から、中国の広州恒大とか、さっき名前が挙がったタイのブリーラムとか。お金を掛けて名だたるスター選手を呼んでいるアジアのビッグクラブとの交流戦。話題性もあるし、高いレベルの試合をみられるというのはもちろん、相手のスター選手を楽しみに来るファンもきっといるはずです。

遠藤　それは面白いと思いますが、今のＪリーグの現状を見れば、アジア各国との交流戦をシーズン中にやるという発想は誰も持っていない気がしますけどね。それはスケジュールを見ればわかります。ただでさえ、スケジュールがかなりタイトなのに、現実的に、それをマッチングできる日がない。本当にやることになれば、J1のチーム数を減らすか、その上に少数クラブでプレミアリーグみたいなものを作るかしかないと思います。

堀江　僕は現実的に、J1の上にプレミアリーグを作るしかないと思っています。で、そのチームだけは交流戦をやると。アジアの金満チームがすごい選手を呼んでいる現状を利用しない手はないと思います。今だったら、AFCの中でもJリーグがイニシアチブを取れる状態にあるので、むしろ、チャンスは今しかないと思います。

遠藤　数年経てば、中国あたりに主導権を持っていかれる可能性もありますからね。

堀江　可能性どころか、このままJリーグが何も手を打たなければ、間違いなくそうなると思います。でも、プレミアリーグ的なものができれば、ガンバは間違いなくその1つに入るはずだし、アジアでももともと人気のあるクラブだと考えても、クラブの置かれている状況は変わると思います。そのためにも予算規模は今の倍くらいにはして欲しいです。世界のパナソニックがメインスポンサーで、あれだけのスタジアムを建てたん

遠藤　だから、やらなきゃもったいないですよ。
今のJリーグってどちらかというと、全てのクラブが横並びの経営状態になっているじゃないですか？　僕はあれ、間違っていると思うんです。格差があってこそ、クラブも、選手も成長があるというか…。圧倒的に予算があって、お金を使いまくって、メジャーな選手を獲りまくるクラブがあってもいい。そういうクラブが国内にあれば、下位のチームでプレーしている選手もそこに引き抜かれたいと思ってハングリーに頑張るはずだし、クラブは引き抜かれないように何とか策を講じて努力もすると思いますしね。それに今のJリーグってどれだけ活躍しても、ほんの少ししか給料が上がらないというのが現状で、夢がないじゃないですか。中国のように、億単位で上がっていくのは難しくても、せめて目に見えた金額での評価をしてもらえなければ、選手は今後、海外に流出する一方だと思います。

堀江　それがアジアが経済発展をしている今の時代なら可能ですからね。みんなは荒唐無稽だと言いますが、僕はいつか、AFCチャンピオンズリーグがUEFAチャンピオンズリーグの人気を超えてもおかしくないと思っているので。要はそれだけのポテンシャルを秘めているんです、今の

遠藤

日本のJリーグは。だから投資する意味もあるはずなんですが、その価値を訴える側のプレゼン力もないから、そこに資産家の目を向けられない。これはサッカーだけではないかもしれません。現状では、日本のプロスポーツが「儲かる」と思って投資している人は殆どいないですから。でも、メジャーリーグサッカーのフランチャイズオーナーって、みんな、儲かると思って投資していますよ。シティ・フットボール・グループが横浜F・マリノスに興味を持っているってことは、そういう視点で見ている人もいるってことですしね。今なら、まだ間に合います。

今のJリーグでいうと、浦和レッズが一番、予算規模は大きいと思うのですが、じゃあ、浦和が常に首位かと言えばそうではないですからね。逆に予算規模としては大して大きくはないサンフレッチェ広島が勝ってしまう。そうなると「サンフレッチェはあの予算で勝てたんだから」となりますよね？　いや、僕は優勝したチームが強いと思っているので、広島のことをどうこう言っている訳じゃないんですよ。でもスペインなら、圧倒的な予算規模を持つバルセロナが圧倒的に強いじゃないですか？　もちろんそれは「圧倒的な予算規模」があるので「予算規模が大きい」浦和とはまた話が違うんですが、だからこそJリーグにも圧倒的

堀江

な予算規模を持つクラブができて、圧倒的に強いクラブが生まれて欲しい。そうなれば大きくいろんなことが動く気もします。

遠藤

サンフレッチェの森保一さんは素晴らしい監督だと思いますよ。あれだけ毎年、選手を引っこ抜かれながら3度も優勝しているんですから。でもサンフレッチェが優勝するのって、プロ野球でいうところの、広島カープが優勝するようなものですからね。育成に力を入れていると割り切ってクラブを運営している、つまりは育成チームである広島カープが優勝するなんて、あり得ないですから…と言いつつ、そのあり得ないことが2016シーズンは起きてしまったのがまた面白いことなのですが。でも、普通に考えたら、巨人が勝ってしかるべきなんです。東京のど真ん中にある、ビッグクラブである巨人が勝つというのが、理想です。いや、Jリーグもローカルのモデルはすごくうまくいっているし、いいと思うんですよ。古くはアルビレックス新潟が、最近では松本山雅FCが成功事例ですからね。

松本山雅のホームスタジアムである『アルウィン』はサッカー専用で雰囲気もいいですよ。ちょっとコンパクトですが、満員になるので、声の反響もすごくいいし、選手は総じて「いいスタジアムだ」って言っています。

堀江　ですよね。だからローカルモデルは彼らを参考にすればいいと思うんですが、東京の勢力が弱過ぎる。だから築地の跡地を買って、スタジアムにしろと。まずはそこをJリーグで押さえてしまうべきだって話をずっとしているんですけど。

遠藤　僕も以前から…そんな具体的な名案があるわけじゃないですけど、六本木にチームができないかなって言っていたんです。そうしたらすぐに移籍しますよ、と（笑）。

堀江　（笑）。本当に在京チームに移籍したいと思っている選手はたくさんいると思いますよ。でもFC東京じゃ多摩ですからね。多摩じゃ浦和と変わらないから、ダメなんです。でも東京にチームがあれば、多少、年俸の条件が悪くても海外のスター選手が来てくれるはずです。引退間際の選手って、当然、家族がいる選手も多いし、奥さま方の東京人気はやはり高いですからね。環境はいいし、安全だし、便利だし、食べ物がうまいし、っていうので、中東や中国に行くよりは東京がいい、という話になる。実際、広州恒大について「お金はいいけど、その街に行きたくない、住みたくない」って思っている人がいっぱいいますよ。そういう人たちも取り込みながら、また国内でもいい選手が集まってくるような200〜300億円規模のチームができれば、本当にいいと思います。よく「こんな大都市のど真ん中に土地はあるの?」っていう声を聞きますけど、土地はいっぱいあるんです。ただ、しがらみが多いし、法律とかいろんな規制があってなかなか実現はしない。だって、本来なら、六本木ヒルズにスタジアムがあったっていいくらいですからね。今回の築地の土地だって、スタジアムだけを作れと言っているんじゃないんです。ショッピングセンターやマンションがあってもいいし、ホテルがあってもいい。要は複合商業施設にすればいいんです。というか、そうするべきですよね。

遠藤――ヨーロッパのチームは多いですよね。ショッピングモールとスタジアムが一体化しているところは。

堀江――ただ日本の場合は、法規制がありますからね。だから、日本のスタジアムって商業施設がないというか…古くから、「スポーツ」に対して「学校体育」という意識が抜けないから、そこを一体化できていない歴史があるんですが、正直、そこはトップダウンでクリアできると思うんです。そうすればスタジアムを稼働させていないときも、人は集まってくるわけだし、利用者は増えるはずですから。選手の皆さんってどうなんですか？　そういうJリーグの現状に対しての危機感ってどのくらい持っていらっしゃるんですか？

遠藤　――例えば日本代表レベルであっても若い選手は、あまりそういうことは考えていないでしょうね。例えば食事のときに海外組と同じテーブルになれば、本田圭佑や長谷部誠（アイントラハト・フランクフルト）、川島永嗣（FCメス）あたりから「ドイツはこういう感じで運営されている」「イタリアはこうだ」みたいな話が出てきますけど、彼らだけですね（笑）。所属チームではまずそういう声は聞こえてこない。

堀江　――だからこそ選手も自覚を持つべきだと思います。さっきのスター選手の話ではないですが、選手もJリーグの発展のことを真剣に考えるべきです。だって、強くなりたいし、勝ちたいはずじゃないですか。でも、勝てないのには理由があって、プレミアリーグのように戦略的なことをしっかり考えてやれば勝てるんだから、絶対にやるべきだと僕は思います。

遠藤　――反省します。

堀江　――いや、本当にお願いします。でも最近は少し日本のサッカー界も変わって来たなと思うところは端々にあるんです。日本サッカー協会はこれまで全くJリーグにお金を落とさなかったんですが、今年から落とすようになりましたしね。ドイツの協会がそれをしていますよね。ブンデスリーガに所属するクラブの育成チームがユースの大会などで優勝すれば、予算を傾斜配分したり…そういうことを日本も少しずつやり始めていて。さきほど遠藤さんご自身はブラジル留学の経験があるという話をされていましたけど、日本の高校サッカーチームって国際経験が圧倒的に足りないですからね。

遠藤

Jクラブのユースチームはたまに海外遠征もしているようですが、高校サッカーのチームはなかなかないですよね。僕らの時代も、僕らがチームでブラジルに1ヶ月間遠征したのも、すごく珍しいことでしたから。それは今でも同じで、高校サッカーで育った選手がその年代で国際経験を積めていることは殆どないはずです。代表に選ばれている選手は別だとは思いますし、海外に行けるチームがあったとしてもアジアが多いですよね。ヨーロッパに行くとなると、時間もお金も掛かるので。でも海外組の話を聞いていてもそうですが、ヨーロッパのクラブの育成チームは1~2時間掛けてすぐに海外遠征ができるので、頻繁に交流戦も行っているそうです。それは大きな差だと思います。

堀江　それを踏まえた上で、日本サッカー協会も、少なくともアジアの中では国際戦をもっと頻繁にできるように、育成年代にお金をかけていく、力を入れて育てていくということをやろうとはしています。ただ問題なのは、高校サッカーとJクラブのアカデミーが分断していることですよね。これは決定的にマズい。アカデミーからプロになる選手が増えたとはいえ、力も意外と拮抗していますからね。これについても考えていることはあり…今は時間がないのでここでは端折《はしょ》りますが、せめて、Jリーグのユースチームには、グラウンドが傷むとか言わずに、Jリーグの前座に試合をやらせてあげて欲しい。だって、高校サッカーは同じ学校の同級生や先輩、後輩が観に来てくれるから盛り上がるけど、ユースの大会にはそこまで同級生が来てくれないそうですからね。実際、高校時代はどうでしたか？　結構な数の友達が応援に来てくれたんじゃないですか？

遠藤　来てくれましたね。特に全国規模の大会になると、学校をあげて来てくれました。全国大会になれば、メンバーに入れなかった部員も全員来ますしね。みんな雑魚寝で夜をあかして応援してくれました。その姿を見ているから、試合に出ている僕らも「あいつらのために頑張ろう」「俺らが負けたら、あいつらの戦いも終わってしまうんだ」みたいな気持ちになる。あれは高校サッカーならではだと思います。

でも、Ｊリーグのユースチームは学校もバラバラだし、学校の部活動でもないから、そうはならない、と。なら、せめてＪリーグの前座に試合をやらせて、応援してくれる人の前でプレーさせてあげてほしい。そういう環境ってチームや選手を育てる上でも大事なことだと思いますから。そこに協会がお金を出せばいいんです。だってＪリーグより協会の方が予算規模も大きいし、代表戦で儲かっているんだから、そのくらいの還元をしてもいいでしょう、と。育成年代に力をいれなさい、と。それをすれば代表だって強くなりますよ。実際、それはブンデスリーガがやったことですよね。イングランドリーグがダメダメだった時代…要はフーリガンがすごくて、イギリス経済も最悪の時期ですよね。その危機的状況から劇的にかわるために、ウィンブルドン現象もなんのそので、外資は入れるわ、外国籍選手もどんどん入れるわ、っていうことをやってプレミアリーグができて、盛り上がった。でもそれと同時に国内で選手が育たないということが起き、イングランド代表は一気にダメになりましたからね。それを見ていたドイツが、同じ轍を踏むわけにはいかない、そのためには育成年代にお金をかけて自国の選手を育てればいいんじゃないかという考えに行き着いて、それが成功し、ブンデスリーガも発展して、ドイツ代表も強くなった。それを踏まえて今、Ｊリーグがベンチマークしているのはブンデスリーガとメジャーリーグサッカーです。そのためにも、育成年代に国際経験を積まさなければいけないし、子どもの頃から異文化に揉まれる経験をさせなければいけないということで、協会がお金を出すようになってきた。

遠藤――僕はそれはすごくいいことだと思います。さっきも話した通り、僕は強制的に行かされたところもあったけど、結果的に行って良かったと思える経験ができたし、そこでどんな相手と戦っても、どんな国に行っても動じない自分、というのができあがった気もしますから。そこを真摯に考えていけば、すぐに目に見えた結果が出なくても、いずれは必ず結果に結びつくと思います。

堀江――なので、そうやって協会も少しずつ努力しているので、遠藤さんはぜひ『スター選手』になってください。どんなキャラを作ってくれてもいいので。本田さんだって、あのキャラを作っているって話じゃないですか。ちゃんとＰＲをつけて、サングラスをしたりフェラーリに乗ったり。時計を2個つけたりしている。

遠藤――あのキャラは完全に作っています。普段は全然、あんな感じではないですからね。

堀江――だけど、やっぱり印象深いじゃないですか。しかも、本田圭佑さんを真似した物まね芸人が売れるっていうのは、スターの証ですよね。「時計を2個つければ、本田」みたいになっていますけど、やっていること自体は正直、大したことではないじゃないですか（笑）。誰にでもできることでもある。だから巧いなって思います。あのおかげで、本田さんはサッカー好きな人とか、サッカーを知っている人以外の認知もすごく高いと思う。でも、あのくらいなら遠藤さんだってやろうと思えばすぐにできますからね。

遠藤――いやぁ、時計2個はいやだな（笑）。

堀江――しかも大阪でしょ。吉本あたりと組んで、やるくらいの気合いで取り組んでください。セルフプロデュースをしてください。

遠藤――ちなみにうちのチームにも、吉本興業とマネージメント契約を結んでいる選手が1人いますけどね。どうしようもない丹羽大輝っていう選手なんですが…。

堀江 —— いや、僕はまず遠藤さんがやるべきだと思います。逆に遠藤さんみたいなキャラは稀なので、特に何かを変えるのではなく、今の素のまま、どんどんそのいいキャラクターが外に出て行く仕掛けを作ってください。

遠藤 —— 努力してみます。

×宮本恒靖

『成功』に近づける戦略をたてる

先を見据えたアジア戦略

グローバル戦略の必要性

世界に勝つための投資

利用者の需要を取り込む工夫

『成功』に近づける戦略をたてる

堀江　初対面ですよね。よろしくお願いします。

宮本　こちらこそ、よろしくお願いします。実は直接お会いするのは初めてですが、13年の11月にベースボール・マガジン社から『サッカーマガジンZONE』という雑誌が創刊された際に（編集部注：16年6月で休刊）、僕が初代の特別編集長みたいなことをさせていただいて。その中で、僕から直接ではないのですが、堀江さんにコラムをお願いしたという経緯がありました。以前にデータスタジアムの代表取締役社長をされていた森本美行さんと面識があるとお伺いしています。

堀江　そうなんです。実は森本さんとはデータスタジアムの社長をされる前から面識があったんです。というのも僕が働いていた会社と同じビルに、宮本――森本さんが社長をされていたＩＴ系の会社があって。その関係から「サッカービジネスについて書いてくれないか」とご依頼をいただいて、連載コラムとかを書かせてもらっていました。

堀江――今日は九州の方からいらっしゃったと聞きましたが、それはサッカーのお仕事ですか？

宮本――いえいえ、全く違います。宮崎県の延岡市で結構大きな規模のイベントをやっていて、林真理子さんや秋元康さんら錚々たる顔ぶれがいらっしゃっているところにお邪魔して、講演みたいなことをさせていただいていました。そのあと、大分県の別府に立ち寄って、ある企画に携わり、そして大阪入りです。地方でも結構、いろいろとニーズがあるので、飛び回っています。

堀江――宮崎は、ガンバ大阪も毎年シーズン前のキャンプで利用しています。

宮本――市内ですか？

堀江――ガンバは毎年、綾町です。市内でキャンプをしているクラブもたくさんありますし、プロ野球チームもキャンプに来るので、1～2月にかけては結構スポーツで賑わいます。

宮本――なるほど。僕は全く違う理由で綾町に行ったことがあります。なんでも、グルテンフリーのオーガニックなシフォンケーキを作っているところがあり、近々アメリカに輸出するという話も出ていました（笑）。宮本さんは今、ガンバ大阪に戻られているんですよね？

宮本――昨年までは『S級ライセンス』の取得を目指しながらガンバ大阪のジュニアユースチームの、U－13というカテゴリーの監督をしていて、今年からユースチームの監督をしています。もともと指導者としてのキャリアをスタートさせるにあたって、恩師に相談をしたら「一番変化が顕著にみられる13歳をみたほうがいいんじゃないか」というアドバイスをいただいたので、U－13の監督からスタートして、今年はもう1つ上のユースカテゴリーの監督をすることになりました。

堀江――S級ライセンス取得のための講義というのは、具体的にはどんなことをやるんですか？

宮本――要はプロサッカーチームの監督をするために必要な、一番上の指導者ライセンスなので、当然、練習方法や戦術的な話は出てきますし、それこそ監督としての行動、立ち居振る舞いをはじめ、座学ではディベートなども勉強します。

堀江――ディベートの勉強はする意味があるんですか？

宮本

確かに、単に「ディベート」と聞くと、関係ないんじゃないのかなって思われがちだし、僕も受講する前はそんな風に思っていたところもあったのですが、いざ、講義を受けてみると、これが意外に面白くて。シンクタンク戦略大学の北岡俊明氏が講師をされていたのですが、テーマは毎回、決まっているんです。例えば、「日本代表にとって外国人監督は是か非か」から始まって「真珠湾攻撃は是か非か」など。後者はさすがに関係ないんじゃないかって思ったりもしましたが（笑）、前者は意外と面白かったですね。といっても、自分の意見がどちらかということではなくて、最初からグループ分けはされているんですね。で、是チームか、非チームのどちらに所属するかによって、自分の意見を述べ、最終的にはどっちが勝ったか、負けたかを決めるところまでやるんです。それは何を想定しているのかと言えば、要は、チームには外国籍の選手もいるじゃないですか？　しかも彼らは日本人とは違い、相手が監督であろうと、はっきりと自分の意見を主張してくる。そんな彼らに対して、監督としてひるまずに、自分の信念に基づいた考えを理路整然と伝えられるように、ということを目的としています。

堀江

なるほど。そのライセンスというのは海外に行っても…例えばヨーロッパで監督になりたいと思えば、通用するライセンスですか？

宮本――これが結構、ややこしいのですが、S級ライセンスというのはあくまで日本サッカー協会が認定するライセンスで、他国にも同様にその国のサッカー協会が発行するライセンスがあるんですね。なのでS級ライセンスが、その国で指揮をとるために必要なライセンスに相当すると認めれればその国での指揮も可能になりますが、現状、ヨーロッパでは不可能です。これは逆も同じで、外国人監督が日本のJクラブの監督に就任するには、日本のS級ライセンスに該当する他国の資格が必要になります。

堀江――ライセンスは世界共通ではないんですね。

宮本――そういうことです。これについては僕も当事者だったので詳しいんですが、実は以前に僕も、ヨーロッパにライセンスを取得しに行ったことがあるんです。その話をする前に、まず日本サッカー界の指導者ライセンスについてお話しすると、日本の指導者ライセンスってD級から始まって、C、B、A、Sの順に取得できるんですね。で、僕は日本でB級まで取得していたので、当然、ヨーロッパサッカー連盟（UEFA）のA級ライセンス取得のための申請をしたら「JFA（日本サッカー協会）ないしは、ＡＦＣ（アジアサッカー連盟）のＢ級ライセンスはＵＥＦＡのＢ級ライセンスに該当しないので、もしＡ級ライセンスを取得したいのであれば、ＵＥＦＡのＢ級ライセンスから受講しなさい」と言われた。もともとＪＦＡも、日本のＢ級ライセンスは、ヨーロッパのＢ級ライセンスに相当すると理解していたみたいなんですけどね。でもそうじゃないということが分かったので、結局、僕はＵＥＦＡのＢ級を取得した上で、日本でＡ級とＳ級を取得しました。なので、今の僕がヨーロッパでプロチームの監督ができるかといえば、できない、ということになります。その逆は…ＵＥＦＡのＳ級を持っている人は、日本のプロチームで監督をできるんですけどね。そういう意味ではやはりサッカー界はヨーロッパが優位というか…サッカー格差が否めない状況にあります。実際、いま、元ジュビロ磐田で活躍された藤田俊哉さんが日本でＳ級を取得した上で、オランダのＶＶＶフェンロのコーチをされていますが、監督になるにはもう１つ上のライセンスを取得しろと言われているそうです。

堀江――それは日本人であっても、申請さえすれば取得できるものではあるんですか？

宮本――絶対に受け入れない、ということはないんですが、ヨーロッパの場合は受講できる人数も限られているし、基本的には自国の指導者を育てるというのが第一にあるので、外国人に対してあまり門戸を広げていないというのが現状です。それにヨーロッパ各国にしてみたら、なぜ、自分たちより格下の、わざわざ日本の指導者を呼ばなきゃいけないのか、みたいな考えも正直、あると思いますよ。日本のプロチームが、AFCのランキングで日本よりかなり下の…例えば、マレーシアから監督を呼ぶかと言えば現実的ではないというのと同じで、ヨーロッパ各国が、実績のある指導者や南米の指導者を呼びたいと考えるのは自然の流れだと思います。

堀江 ―― そこは、日本代表が結果を出すようになれば変わっていくんでしょうね。

宮本 ―― だと思います。だからJリーグもレベルアップを求めなければいけない。そこはそういったサッカー格差をなくしていく上でも不可欠だと思います。

堀江 ―― でも、結果的に、B級はヨーロッパで取られたんですよね？

宮本 ―― Bは取りました。ただ結論から言って、UEFAのB級ライセンスは講義の内容からしても、日本のA級ライセンスとほぼ一緒だなとは感じています。なので、もしUEFAのA級ライセンスを取りに行ったとしても、日本のＳ級ライセンスに近い内容の講義が行われていると想像します。実際、ＵＥＦＡのＡ級ライセンスではトップレベルでの指揮を意識した講義が増えると聞いているので。じゃあ、ＵＥＦＡのＳ級は？　と聞くと、メディアとのやり取りやチームのマネージメント、クラブのチェアマンとのやりとりなど、もっとプロの世界に特化したマネージメントよりの内容になるそうです。そう考えると、日本のＳ級よりは専門性が高いから、さっき言った、サッカー格差みたいなものが生まれてしまうのは致し方ないのかなと思うところもあります。

堀江――いずれにせよ、ヨーロッパでライセンスを取得しようと思ったら、語学面が結構大変なんじゃないですか。

宮本――そこが一番、大変です。もちろん講義を受けていく中で鍛えられるところもありますが、何から何まで英語で伝えて、やり取りをしなければいけませんからね。日本人が取得するとなると、カリキュラムの内容云々より、そっちが大変なんじゃないかと思います。僕の場合は、ＦＩＦＡマスターを受講した後にライセンスを取得しに行ったので、英語が耳に慣れていた分、まだマシでしたが。

堀江――ＦＩＦＡマスターというのは？

宮本　スポーツの歴史や経営、法学を3つ一緒に学ぶ約1年間の修士課程です。そこで普段はあまり耳慣れない英語にかなり触れたというか…日常会話なら問題なかったのですが、もっと専門的な英単語が飛び交う中で1年間、鍛えられてからB級ライセンスを取りに行ったので、なんとかなった、という感じです。それでも、ピッチで飛び交う言葉って、そのスピードが全然違いますからね。最初の頃は目がまわりそうでした（笑）。

堀江　宮本さんが、これまでの殆どの時間を選手として「サッカー」に携わってきたことを考えれば、さっきおっしゃったような座学も含めてそういうことを学ぶ時間やスキルは、ある程度必要だと感じていらっしゃるところも大きかったのでしょうか。

宮本　そうですね。FIFAマスターを受講する人は、普通に企業で働いていたり、弁護士だったり。どちらかというとアカデミックなジャンルの人が多いので、僕みたいな選手あがりの人間は大変でしたが、そもそも全く自分が知らない世界を見たくて行ったし、おっしゃるような違うスキルを身につける、学ぶ時間という意味ではすごく有意義でしたね。中でも、ピッチで観ていたサッカーとは違うサッカー界というか…いかに放映権を取るかとか、法学的な観点からサッカーに触れるというのは、すごく面白かった。堀江さんはどちらかというと、そっちの観点からサッカーを観ることの方が多いのではないですか？

堀江――基本的に僕は、どうしたら利益があがるか、とかそのための戦略的なことを好き勝手に言っているだけですけどね。ただ、たまにはサッカーもしますよ。

宮本――プレーを、ですか？

堀江――はい。本当にお遊びのレベルですけどね。

宮本――フットサルですか？　それともフルコートでのサッカーですか？

堀江――一応、GLAYのTERUさんがされているサッカーチームに所属しているので、たまに、フルコートでもやります。といっても、僕はただ走ってるだけですけどね。走って邪魔するだけなのでボールは取れないんですけど、でも懲りずにひたすら邪魔をするっていう…（笑）。

宮本――堀江さんの「サッカー」への関わりは、プレーすることへの興味からですか？

堀江――いや、そうではなくて。僕がサッカーに関わったきっかけは97年に遡るんですが、当時、カズさん（三浦知良／横浜FC）のホームページをうちの会社で作っていたんです。だから当時は…フランスワールドカップ出場を決めた、あのジョホールバルにも行きましたよ。

宮本 ―― 生で試合を観に行ったんですか？

堀江 ―― はい。生で岡野（雅行）さんのゴールを観てきました。それまで、殆ど彼のことを知らなかったのに、大興奮で「誰だ～!? あのロン毛は!?」と（笑）。そしたら岡野さんだったという…ちなみに、彼は同級生です。

宮本 ―― そうなんですね（笑）。いま、ガイナーレ鳥取のGMをされていますよね。

堀江 ―― そうそう。以前にお会いしたときも、米子市との関係についての悩みを話されていて…たまたま米子市長の息子が僕と同じ年で、友だちだったので、パイプ役になりましたよ（笑）。

宮本 ―― じゃあ、カズさんがフランスワールドカップのメンバーから漏れてイタリアから帰国されたときもご存知なんですね？

堀江 ―― もちろんです。カズさんのマネージャーさんから連絡をもらい「いまからカズのメッセージを伝えるから載せてくれ」と言われて、僕が載せました。

宮本 ―― すごい話ですね！

堀江 ―― そうなんです。そしたらすごい反響で、98年だから今ほどはインターネット環境も良くなかったので、サーバがパンクしてダウンしまくりました（笑）。…っていうのが、僕とサッカーの仕事での最初の関わりです。そのあと、前述の森本さんと知り合い、Ｊリーグの常務理事をされている中西大介さんを紹介されて、村井満チェアマンに繋がって、今はアドバイザーをしています。

宮本──一時はプロ野球への参入も考えていらっしゃいましたよね。あれはどういう狙いだったのですか。

堀江──そうですね。それこそ…10年くらい前の話ですが、当時の僕たち、ＩＴ企業の人間が考えていたことというのは、簡単に言えば、地域のスポーツを一体経営していこう、ということだったんです。アルビレックス新潟がいま、少し取り組んでいますけど、要は、野球やサッカー、バスケットなどを同じブランドとして運営し、ファンもある程度共有し、スタジアムやホテルも一緒にうまくまわしていこう、みたいな感じのことを構想していました。それを僕は仙台でやりたくて、当然、ベガルタ仙台にも接触していたのですが、結果的には三木谷（浩史／楽天株式会社代表取締役会長兼社長・最高執行役員／東北楽天ゴールデンイーグルス代表取締役会長兼球団オーナー／株式会社クリムゾンフットボールクラブ代表取締役会長）さんが行っちゃって、サッカーは神戸、野球は仙台という「ねじれ現象」みたいなことが起きたので、こちらはどうにもならなくなったんですが。

宮本――なぜ、仙台に目をつけたのですか？

堀江――魅力的というよりは、仙台で十分プロ野球団が成立する、ビジネスとして成立するという確信が持てた、ということです。それこそ05年にダイエーホークスをソフトバンクが買い取って、成功している事例を見てたし、これからはますますソーシャルネットワークの時代になって簡単に情報が手に入る状況になることは、想定内でしたからね。近代スポーツの成功には『臨場感のあるスタジアム』『スター選手』『ITメディアの活用』の3要素が欠かせないからこそ、これは面白いと考えた。しかも、単純に仙台には球団がなかったですからね。そのイメージでいくと新潟や四国、静岡などにも、あと4球団くらいは増やせるはずですよ。だって、地方だと、絶対に地方のテレビ局が全試合中継してくれるじゃないですか。おそらく、それと同じことを考えたのが日本ハムで、日ハムも東京ドームがフランチャイズだったんですけど、札幌に移転して、最初こそ「う〜ん」という感じだったのが、今では人気チームになりましたからね。しかも北海道って東南アジアなどにとっては1つの「ブランド」だということも大きい。だからプロサッカーチームのコンサドーレ札幌が名前を変えたのも大正解だと思います。

宮本　今年から運営会社が『株式会社コンサドーレ』になり、チーム名が『北海道コンサドーレ札幌』になりましたね。

堀江　しかも、東南アジアの選手獲得にも積極的で、過去にもベトナム代表のFWレ・コン・ビンを獲得したりしていたじゃないですか？　あれは、さっき言った東南アジアにおける北海道の『ブランド』を考えても大事なことだったたと思います。

宮本　いまは、インドネシア人のMFイルファンが所属していますしね。彼は母国での人気もすごいらしいですよ。

堀江　Jリーグの発展ということを考えても、アジアの選手を獲得するのは、すごく大事な戦略ですからね。ただ、昨今は年俸がどんどん高くなっているそうですからね。それもあって日本のJクラブは、実力と年俸がマッチしないから取りづらい、みたいに思っているようですが、僕はそれでも獲得するべきだと思います。一時期、日本人選手が欧州のクラブに割と高い値段で買われていたように、高い年俸を払って獲得すべきだと思う。それによって…観光や放映権の販売といったインバウンドが全く変わってくるので。

先を見据えたアジア戦略

堀江　先日もテレビ東京の『FOOT×BRAIN』に出演した際に言ったのですが、いま、Jリーグの売上規模は全部で700億円ぐらいなんですね。それに対して、ブンデスリーガが3200億円で、プレミアリーグが7000億ぐらいだと。その差は歴然だとしても、最近ではメジャーリーグサッカー（MLS）がJリーグを抜いたんです。10年で抜かれました。パワープレーです。

宮本　メジャーリーグは基本、サラリーキャップじゃないですか。で、保有選手のうち、3人だけサラリーキャップを免れることができる選手がいる、と。だから、1000万ぐらいの選手がゴロゴロいるロサンゼルス・ギャラクシーに、ジェラードが来たら、彼だけ数億円もらえるということ

堀江

が起きるんですけど。もちろんそれは、そこにお金を出してくれる企業がアメリカにはあるからでしょうけど、正直、それと同じことを日本でやってもうまくいくかは疑問だと思います。

今から日本が全く同じことをやるのは無理ですね。ＭＬＳは10年というスパンでの促成栽培を考えて、戦略的にやってきたはずですしね。それに、ＭＬＳだって当時、Ｊリーグと同じやり方でやろうとは思ってなかったはずですよ。だって、Ｊリーグのほうが風呂敷はデカいですから。中身が伴っているかは別として、風呂敷はすごくデカい。ヨーロッパが100年かけてやってきたことを、ちゃんとやっていこうという理念も素晴らしいと思います。でも理念が素晴らしいからといってうまくいくかというのは違う話なんですよね。実際、アメリカにはそういう理念はないけれど、でも勝つ戦略をきちんと分析していて、そこにお金をつけることがちゃんとできている。要は、さっきも言った、近代プロスポーツの成功の3要素ですよね。『スタジアム』『スター選手』『ＩＴメディアの活用』っていう3原則が、すべて満たされている。でも、じゃあ、それを今のＪリーグができているかって考えると、専用スタジアムを持ってるチームも少ないし、スター選手もいないし、ＩＴメディアもあんまり活用できていないいってところで、正直、すべてにおいてあまりうまくいっていないのかな、と。逆に、日本のプロスポーツで今、一番うまくいっているのはなんだと思いますか？　その3要素を満たしているのは？

宮本　プロ野球も1つですよね。

堀江　確かにそうですが、もっとうまくいっているスポーツが大相撲なんです。大相撲って専用スタジアムだし、砂かぶり席なんか、すごい迫力なんですよ。それで白鵬とか、そういうスターもいる。しかも一度、経営危機に陥ったときに、ニコニコ動画などとも提携して、ＩＴをすごく活用し始めた。実は大相撲って今やグローバルスポーツで、日本がその頂点にいながらもいわゆる『ウィンブルドン現象』は起きている方で、プロスポーツビジネスとしては非常にうまくいっています。経営規模は、全然小さいですけどね。Ｊリーグもそういうところに学ぶことがあるんじゃないかと。ただ、実はＪリーグもローカルのビジネスについては、結構うまくいっていると思うんですよ。事実、地方のチームでうまくいっているチームはたくさんあるじゃないですか？　例えば松本山雅ＦＣ。人口20万人くらいの松本からＪ１のチームが出るって、すごいことですよ。

宮本

他にもサガン鳥栖もそうだし、古くはアルビレックス新潟もそうだし、いろんなローカルな事例は非常にうまくいっている。Jリーグが掲げる『100年構想』ということで考えても、なんだかんだ言って、地方都市に『おらが町のクラブ』として存続させるシステムは作ったと思います。でも、これから全体を大きくしていくことを考えるなら、全く物足りない。じゃあ、どうするかとなったら、大事なのは、やっぱりアジアです。僕はこれからは、アジアの奪い合いになると思っているんですが、クラブの中にいる人たちはどうなんでしょう？　アジアに自分たちのコンテンツを売っていくんだみたいな考えは持っているのでしょうか。ガンバとしても、そういう思いは持っていますが、正直、今はまだコンテンツ自体が圧倒的に魅力があるから売れているというわけではないですよね。そういう意味で、Jリーグの魅力をもう少し高めていくためにってことを考えると、個人的には…というか、これは思っている人も多いんじゃないかと思いますが『100年構想』の取り組みとしてやってきた『裾野を広げる』という作業を方向転換していくステージに来ているのかな、と。つまり、上にもう少しステータスのあるものを持ってくるべきだと思うんです。で、そこにスターを呼び、専用スタジアムを持って、ＩＴを活用した戦略を考えながら、コンテンツを売っていく、と。それでステータスも上がり、アジアの選手も呼ぶようになれば、アジア各国にとってもＪリーグが魅力的なコンテンツになるから買ってくれる人も増えるだろう…っていう風に少しドラスティックに考えることで、Ｊリーグが変容していく時期に来ているんじゃないか、と感じています。

堀江　それは同感ですね。Ｊリーグってグローバル戦略だけが欠けていたと思うんです。これはおそらく歴史的経緯も影響しているというか、不幸が重なった部分もあったからなんですね。というのも、プロサッカーはそもそも後発だった上に、発足したのがちょうどバブルの時期でしたからね。そのバブルの影響で都心の土地がめちゃめちゃ高騰していた。そういう意味では、都心にスタジアムを作るということが現実的ではなかった部分もあったと思います。実際、当時は、郊外に、郊外にと世の中の流れもいきはじめていた時期でしたしね。それがまずは1つと、当時の川淵三郎チェアマンがプロ野球に対するライバル意識みたいなものを持たれていて「東京の都心にはクラブを作らない」というようなことを言われていた時期でもあったんです。結果、都心のＪクラブが1つもない、都心にスタジアムができないという状況が生まれてしまった。のちに、

宮本

中西さんが川淵さんに「アジア戦略みたいなことは考えていたのですか?」とお尋ねになったらしいんですが、そうしたら「いや、全く考えていなかった」と。当時の社会情勢を考えれば致し方ない部分はあったにせよ、その事実は、これからアジアが伸びて行く時期だっただけにもったいなかったですよね。だって、その頃ですからね。アジアの経済発展を予想して、アジアをターゲットにした営業をイングランドのプレミアリーグが始めたのは。つまり、プレミアリーグの放映権があれだけアジアで売れたのは、自然にそうなった訳では決してなく、先を見据えて営業をしまくった結果だったと思います。

確か当時はイングランドのプロサッカーリーグが改革の時期にあったんですよね。89年のFAカップの準決勝、リバプール対ノッティンガム戦の行われたヒルズボロ・スタジアムで警備誘導の不備から96人が圧死した事故が起きたり、暴力事件が起きたりと、悲惨な事件が続いた中で変わらなければいけないという状況に陥り、結果、92年にプレミアリーグが設立された。それをどう運営していくかという中で、アジアの市場をターゲットの1つに据えたのもあったはずで、結果、収益も人気も、どんどん上がっていくという効果が表れた。

堀江　そうです。しかもあの時期というのは、ルパート・マードックがちょうど、衛星放送の事業を始めた頃なんです。マードックは、もともとオーストラリアのアデレードの『ザ・ニューズ』という地方新聞の社長だったのですが、そこからイギリスの名門紙『タイムズ』を買収したり、アメリカの新聞社を買収したりしながら事業を拡大し、それにあわせて、旧来の地上波ではない、衛星放送という技術ができたことで「これからは衛星放送メディアだ」と打ち上げた。といっても、最初は違法電波でやっていたそうですけどね（笑）。結果的に、イギリスの衛星の免許を持っている会社を買収して合法になったらしいんですが…要は、かなりの豪腕だったのですが、そのときにイングランド1部リーグが、いま宮本さんがおっしゃったような理由で、サッカー観戦が禁止になるんじゃないか、というくらいの危機的状況に陥り、プレミアリーグをつくることになったから、お金をバンと投資した、と。あれはマードックのニューズ・コーポレーションにとっても大きな投資だったと思うし、でも、それが成功したことで彼らはメディアグループとしても大成功を収められたんだと思います。

宮本　そのときから考えると、すでに25年近い歴史を刻んでいることになりま

堀江　すが、Ｊリーグもまだまだアジア戦略を進めるべきだと思いますか？
宮本　もちろんです。今のアジアの経済成長を見ても、絶対にアジアを取り込むべきです。近年は、アジアから日本にたくさんの観光客が来て、政府の目標よりも上振れしてるみたいな状況があり、「そんなの東京オリンピックまででしょう」とかって言う人もいますけど、僕は全然そんなことはないと思っています。だって、日本にこれだけの観光客が増えたのはなぜだと思いますか？
堀江　日本の国自体への魅力と、そこに対してアジア各国の人たちがお金を持ってこれるようになったからですか？
宮本　つまりは、アジアが成長したからということですよね。単純に、アジア、中国が金持ちになったからです。30年くらい前に、日本人が頻繁に東南アジアや台湾に遊びに行っていた時代がありましたが、あれはなぜかと言えば、近くて安いから、だったんです。それと同じです。彼らにとって日本は近くて安い国だし、文化もすごく豊かな、魅力的な観光地なんですよ。ヨーロッパやアメリカの人たちにしてみれば、やっぱり遠い国だと思われてしまうけど、アジアの人たちはそうではない。しかも、最近はＬＣＣ（格安航空会社）ができて、すごく安く来日できるようになったことと考えれば、この先ずっと右肩上がりだと思います。冗談ではなく、年間1億人の観光客が来るようになると思います。最近は、人口減少で移民がどうのこうのっていう議論も持ち上がっていますが、人口には『定住人口』ではなく『交流人口』という概念があり、例えば『交流人口』として1億人が日本に来る時代になれば、1000〜2000万は常に日本に外国人がいるという状況が生まれると思うのですが、その1000〜2000万人をいかにして取り込んでいくのかを考えるべきだと思っています。また、今後は中国をはじめ、東南アジアやインドがもっと経済成長していくことが予想される中で、そうなればスポーツのコンテンツを見る人も、もっと増えて行くはずですからね。そのマーケットをいかに狙っていくかというのは誰もが考えていることですが、特に、明確にそこを狙っているのがメジャーリーグサッカーです。とはいえ日本の方が圧倒的に近いし、時差もないですからね。LCCなどを使って簡単に日本に試合を観に来れる状況もあると考えても、まだまだアジアはターゲットにすべきだし、戦う方法はあると思います。でもそのためには、さっきおっしゃった、Jリーグの上に「もう少しステータスのあるリーグをつくる」というか、要はプレミアリーグみたいなものをつくる必要は僕もあると思います。8チームなのか、10チームなのか、そこの数の議論はしっかりすべきですが。プラス、リーグ戦の合い間、合い間で、交流戦を行うこと。チャンピオンズリーグとかそういうことではなく、あくまでリーグ戦の中に組み込まれた交流戦をやるべきだと思います。

宮本――それは、アジアの他の国のリーグとの交流戦ということですか？

堀江――そうです。例えば中国の広州恒大との交流戦を公式戦の日程の中に常に組み込んでいくとか。

宮本――なるほど。昨年はガンバ大阪も、AFCチャンピオンズリーグ（ACL）で、広州恒大と準決勝を戦いましたが、ものすごいバチバチ感が溢れていて。ホームでの対戦の際は、相手のサポーターもたくさん来て、スタジアムの右半分くらいが真っ赤に染まりましたからね。あれは確かに、リーグ戦にはない、あの舞台だけのものだと考えると魅力はありますが、逆にそういった交流戦をやりすぎることで、他の大会への興味や魅力が薄まるということはないですか？

堀江――いや、逆にもっと強まると僕は思います。

宮本――サポーターもその都度、足を運んでくれると？

堀江——僕はそう思います。というのも、先ほどお話しした僕たちがプロ野球界に参入しようとした時期に、プロ野球界もいろんな危機感を感じていましたからね。だから「新しいことをしなければいけない」という思いで交流戦を始めたんですが、今ではプロ野球界にはすっかり『交流戦』が定着していますからね。しかもいま、中国のチームを見ての通り、Cリーグのリッチなチームには、錚々《そうそう》たる選手が揃っているじゃないですか。ファンにしてみたら、そういう選手を生で観れる楽しみもあるはずだし、選手にとっても、そういったスペシャルなプレーレベルを体感するという素晴らしい経験を積み上げられる。Cリーグのリッチなクラブはいま、金に任せていい選手をバンバン獲得していると考えても、それを利用しない手はないですよ。

宮本——プロ野球で交流戦を始めたときに、シフトチェンジを提唱したのは誰だったんですか？

堀江——当然、巨人が主導だったと思います。新たに参入しようとした僕たちが「こんなアイデアがある」みたいな話をばんばん打ち上げて、ファンからもそれを熱望する声があがり、結果的に僕たちはいなくなったけど「やらないわけにもいかないだろう」ということになったんだと思います。

宮本――つまりはファンの声をしっかり聞いていた、と。

堀江――それはあったと思います。

宮本――そこはまず大きな違いかもしれません。正直、今のJリーグがファンの声に耳を傾け、それを念頭に置きつつ経営しているのかと考えると、疑問は残ります。

堀江――だから僕たちJリーグアドバイザーは、ある意味極端なこと…僕は決して極端ではないと思っていますが（笑）、Jリーグの人たちにしてみたらかなりドラスティックなことをずっと言い続けているんです。そもそも普通のことを言う人を求めているのなら僕らをアドバイザーにしないはずですしね（笑）。そう考えても僕らは、極論を言っていい立場にある。それに、それを言い続けてきたことで、最近は「言われた通りにはできないけど、これくらいのことならできるんじゃないか」みたいな感じになってきたというか。保守的な人たちが革新的な意見に引きずられるようになり、少しずついろんなことに取り組みやすい環境にはなってきたんじゃないかと思います。

グローバル戦略の必要性

宮本　ただ、昨今のJリーグが10年先を見据えていろんなことに取り組んではいるものの、まだまだ足りないように思います。収益にしても、プランニングにしても、それこそ2〜3年先をどういう風に動かしていこうか、回していこうかということを最優先に考えていて、更にその先を見据えている人は多くないように思います。でも、実際はそこを見てやらないと、大幅にガラリとは変われないんじゃないかと感じています。

堀江　おっしゃることは分かりますが、でも、僕の経験からして数年先しか見ていないからこそ、しつこく言い続けていると、変わることもあるとも言えます。またその『変化』のためにも、僕はガンバが作った新スタジアム『市立吹田サッカースタジアム』にはすごく注目しているんですけどね。これがうまくいくかどうかで、サッカー界にとっても大きな影響がある、と。目の前にショッピングモールができたというのも非常に魅力的ですしね。

宮本 スタジアムの向かいにオープンした大型ショッピングモール『エキスポシティ』ですね。そこに年間、1700万人来ると予想されていて、大阪観光局はそことスタジアムを抱き合わせでインバウンドを持ってこようという狙いだと聞いています。要は今までは関西国際空港から関西の地に入り、そこから大阪城に行って、さらに京都や神戸にと散ってしまっていた観光客を大阪の北側に持ってこなければいけない、と。それをターゲットにしていることもあり、現在の大阪観光局理事長である溝畑宏さんという元大分トリニータの代表取締役社長も務められた方と一緒にガンバ大阪もいろんな取り組みをしようとしていますが、本当にうまくインバウンドを引っ張ってこられるのかはここから先の大きな課題ですからね。そう考えると、さっきおっしゃったような交流戦を実施するのも1つかもしれません。ただ、問題は今のJリーグのカレンダーを見てもらっても分かるように、本当にスケジュールがいっぱいいっぱいだということです。JリーグにACL、そこにカップ戦や天皇杯も入ってきますからね。おかげで今や2月末に開幕戦が行われていますから。その問題はどこから来ているかといえば、FIFAクラブワールドカップだと思います。僕はあれを日本に呼ぶ必要はないと思う。ヨーロッパの人たちからみても、世界的にもさほどステイタスが高くない大会を、わざわざ日本で開催することによって、12月は必ず2週間弱の日程を空けなければいけなくなっていますからね。そのおかげでJリーグが前倒しになったり、天皇杯も11月に戦った次の試合を12月末に戦うというといびつな方式で行われている。だから、勝ち残ったチームは約1ヶ月間、公式戦を戦わないまま、天皇杯のためだけに年末を待つということが起きてしまう。日本サッカー協会はクラブワールドカップの開催に強い拘りを持っているとは思いますが、仮にそれがなくなったら交流戦の日程を組むのも可能かもしれないと考えれば、そのあたりのスケジュールの組み方は早急に見直すべき課題だと思います。って話がそれましたが、要は市立吹田サッカースタジアムの成功がサッカー界にも影響があるという話でしたよね。

堀江　そういうことです。根本的な質問になりますが、あのスタジアムはどうしてできたのですか？　もちろん、僕は素晴らしい構想だと思っていますが、これまで他のクラブでは実現し得なかったことをどうしてガンバ大阪はできたのか。あるいは他のクラブはやるつもりがなかったのか、アイデアがなかったのか。

宮本　全部だと思いますよ（笑）。僕はそこまで経緯を詳しく知らないですが、もともとのホームスタジアムであった万博記念競技場がＡＣＬを開催するためにアジアサッカー連盟（ＡＦＣ）が掲げる基準を満たしていないとか、08年にスルガ銀行チャンピオンシップを戦った際に、諸々の基準を満たしていなかったことから開催許可が下りずに仕方なく長居スタジアム（現ヤンマースタジアム長居）を借りて開催せざるを得なかった、とか、そういったことも取っ掛かりのひとつではあったと思います。

堀江　基準というのは。

宮本　観客動員数もそうだし、あとは施設の問題ですね。万博記念競技場は老朽化が進んでいたし、エレベータがなくてＶＩＰの人が階段であがらなければいけないとか、観客席の屋根がないといった細かな部分でも規約を満たしていない箇所が多くみられた。と言いながら、そこはＡＦＣのファジーなところで、ＡＣＬもずっと万博で開催してはきたのですが、そこは大きな理由のひとつだったと思います。

堀江　――なるほど。ただお金の部分はうまくやりましたよね。140億を寄付で集めるというのは。それは全て寄付なんですか。

宮本　――内訳としては100億が法人からの寄付で、助成金が35億、個人寄付が約6億ほどですね。

堀江　――おそらくは、そこにはいろんな裏事情もあるんでしょうけど、でも僕は巧くやったなとは思います。世の中への見せ方としてもいい演出をしましたよね。

宮本　――スタジアム新設の話が持ち上がった際に、思うようにお金の工面ができなかったこともあって、なんとか集める方法を探った結果、寄付金でという話になったという経緯があったと思います。ただ場所が決まるまでには結構時間がかかりましたね。高槻に、という話が持ち上がったこともありましたが古墳が出てしまって難しくなったり…。

堀江　――他に場所の候補はなかったんですか？

宮本　――ガンバのスタジアムのために、ということではなく、実は以前にW杯を日本に招致するための目玉のひとつとして、大阪駅の裏の空き地にスタジアムを作ろうというような話もあったので、個人的な意見を言えば、そこも場所としては最高だったと思います。

堀江　大阪駅の裏というのは？　大阪のど真ん中じゃないですか。

宮本　まさにど真ん中です。ＪＲの跡地で、今でも一部はまだ空き地のままですが、そこの都市開発の話がでたときに、スタジアムを作りましょう、というようなアイデアが持ち上がったそうなんです。詳しい話は僕も分からないし、最終的には話はなくなったそうですが、場所としては最高ですからね。ちょうどガンバもスタジアムの建設地を探していたところだったので、セレッソ大阪との兼ね合いなどは抜きにして、単純にいちサッカーファンとしての感覚として「あんなにいい場所に、空いている土地があるのなら、そこに建てるのはダメなの？」と思ったりもしました。ただ、あんな一等地をということになると、政治家にもいろんな意味でスポーツの価値、サッカーの価値を理解している人が出てこないと難しいのかな、とは思いますが。

堀江　宮本さんの言うように、確かに政治家にスポーツの価値を理解している人が出てきたら、というのも1つだと思いますが、僕はそれは提案する側のプレゼン能力も必要なんじゃないかと思います。街中になるほど、当然資金はかかるわけで、でも、スタジアムって単にサッカーの試合をするためだけにあるわけじゃないですからね。そう考えれば、プレゼン次第ではその資金だって集まるはずだし…っていうか集めなくても、そこに建てるなら協力するよ、というお金持ちが出てくるかもしれません。だって、街中なら絶対に儲かる方法はありますから。

宮本　――つまり、スポーツやスタジアムを利用したビジネスの提言をできれば、それに魅力を感じて投資してくれる人も出てくるかもしれない、と。

堀江　――そうです。というのも、まさしくそこもいま、僕がＪリーグの最大の問題だと感じているところなんです。これはメジャーリーグとＪリーグの違いでもありますが、Ｊリーグの場合、フランチャイズオーナーがプロサッカークラブに投資をしたら儲かるなんて、これっぽっちも思っていない。でも、メジャーリーグサッカーのフランチャイズオーナーはみんな、儲かるし社会貢献にもなると思って投資している。そこが大きな違いなんですよね。例えばプレミアリーグのチームのオーナーにしてもそうです。みんな儲かるし、ステータスにも魅力を感じて投資しています。だから、アブラモビッチさんはロシアの石油王なのにチェルシーを買収する。そこには明確に儲かるという計算があったからだと思います。彼以外にもそれで投資して、タイミングを見て転売している人がたくさんいますからね。２００億で買って５００億で売る、みたいな。

宮本　ただ、さっきの話ではないですが、日本のサッカーの場合、現実に儲からないというか、ステータスを感じられるリーグには成長できていないように思います。

堀江　その通りです。実際に、いまのJクラブでは儲かりません。なぜなら、儲けるための戦略を実行していないから。僕がもしガンバかセレッソ大阪のCEOだったら、大阪のど真ん中に土地が空くと知ったら、クラブとして死ぬ気で取りに行くことを考えますよ。そのために、死ぬ気で金も集めるし、うちのチームはここでやらないと負けだっていうぐらい一生懸命やると思います。さきほど、日本のJリーグが発足したのがバブルの時代だったこともあり、都心にクラブが1つもないという話をしましたが、都心にスタジアムを建設することの効果は間違いなくあるんです。しかも、そんな好立地にスタジアムができるくらいの規模の土地の空きが出ること自体、奇跡に近いんだから、絶対に取りにいきます。実際、僕がいまJリーグに提言していることのひとつに築地市場の跡地を絶対に取って銀座スタジアムを作ろうというのがあるんです。市立吹田サッカースタジアムが140億で建設できたんだから、本郷にあるJFAハウスなんかとっとと売っちゃえば、建設費用くらいは出せるでしょう、と。だって、本郷に自社ビルがある必要なんてないですよ。サッカーの仕事をしているんだから、スタジアムを建設してその中に事務所を設ければいい。実際、ＪＦＡハウスって02年の日韓Ｗ杯で儲かったときのお金で作ったんですね。当時80～１００億くらいで建てたはずなんですが、今は多少不動産価値もあがっているはずなんで、ガンバのスタジアム建設費くらいにはなるはずなんです。そこにプラスアルファで寄付を募って２００～３００億くらいにすれば、結構いいスタジアムが建てられる。なんてことを言うと、決まって「サッカーだけ優遇するのはおかしい」とかって言う人が出てくるのが日本の社会なんですが、でも、自分たちで集めてきたお金なら文句を言われる筋合いはないし、実際にじゃあバスケットや陸上で、人を集められるんですか？　と考えたら、そうではないことくらい分かるはずですから。だからとにかく築地だ、と。Ｊリーグで押さえてしまい、自らスポンサーを連れて来て、どこかのクラブを買収してやらせろ、と。そのくらいの気合いがないとダメだと思います。都心の土地なんて、本当にこの先、そうそう出てこないですから。

宮本

都心にスタジアムを作るというアイデアはすごくいいと思うんですが、

堀江

東京って『おらが街のクラブ』というような感覚を持つ人が少ないかもしれないという心配はないですか。

大丈夫です。なぜなら、そこはプロ野球の読売巨人軍みたいなチームを作ればいいから。強過ぎて、憎らしいクラブを。だって、スーパースターチームって、黙っていてもファンがつくじゃないですか？　綺羅星のごときスターが揃ったチームなら誰もが観たいと思う。実際、巨人ってやっぱりすごいですからね。例えば、ちょっと前の話ですが、マツダスタジアムで行われた「広島対巨人」戦を観に行ったんです。マツダスタジアムはすごくいいスタジアムだし、昼間からビールを飲みながら野球の試合を観るのは実に気分がいい。その上、広島はマエケン（前田健太）が6回まで無失点とかで頑張って投げていたんです。そうしたら、1アウト満塁になり、巨人の3、4番に打席がまわってきたんですけど、そこで「代打、高橋由伸」ですからね。そのあとには、聞いたこともないような外国人にホームランを打たれて、マエケンは降板させられたんですが、それを見ていて可哀想だな、と（笑）。だって広島は、マエケンのあとに「まだ頑張っているんだ!?」っていうくらいの、かなりベテランのピッチャーが出て来て…って感じですよ。でも、だからこそ巨人ってファンって多いんですよね。代打に高橋由伸を送り込めるくらいスター選手がたくさんいるチームだから、人気がある。そういうチームがJリーグにもあっていいと思います。

宮本 ―― 実際に堀江さんから見て、今、それだけの資金やポテンシャルを持ったJのクラブってありますか？

堀江 ―― どこもないです。だって売上規模が一番大きなクラブで浦和レッズの約六十億ですよ。

宮本 ―― じゃあ、そのスポンサーになってくれる企業って出て来ないんじゃないですか？

堀江 ―― いや、だから、逆です。儲かると思わせる仕組みをしっかりと提唱すればいい。そうすれば、普通にアジアの富裕層や投資ファンドは買いますよ。儲かると思えるものなら、純粋に投資として買う。要は、これは今までのようなパナソニックに頑張ってもらいましょう、みたいなレベルの話ではないです。それはむしろその後、ですよね。彼らは一番最後の投資家になってもらえばいいんです。で、まずはスター選手を集める。育成ももちろん大事ですけど、まずは圧倒的な人気チームを作るのが先決です。

宮本――スター選手というのはどのくらいのクラスの選手をイメージしていますか。

堀江――世界的に誰もが名前を知っています、みたいなクラスですね。

宮本――現役でバリバリやっている選手を、ですか？

堀江――1人頭、10億くらいのお金を使って、5人くらい獲得する。外国籍枠の問題があるなら3人とか、アジア枠を入れて4人でもいいですよ。そのくらいの勢いが必要だと思います。

宮本――今のガンバの年間予算を考えると、遠い話に思えますけどね（笑）。ただクラブの人たちは、新スタジアムができて、いろいろな努力をしているとは思います。先ほどもお話ししたインバウンドをいかに取り込んでいくか、ということを踏まえてアジア戦略などにも力を入れつつありますしね。ただ、堀江さんがおっしゃるような視点を持ってクラブをガラリと変えていくという作業はまだまだできていないと思います。どちらかというと、今あるものを使っていかにお金を作っていくか、という考えの中で動いている印象です。もちろん、それでも少しずつなら予算規模も増えていくとは思いますが、例えば、極端な話、投資ファンドからお金を引っ張ってきて、もっと魅力的なものにしていこうというような

堀江

革新的な考えは持ち合わせていない。これはガンバだけではなくJリーグ全体に言えることだと思います。

そうこうしているうちに中国のCリーグには上海、広州、北京に1チームずつ、浦和レッズの経営規模を遥かに超えているチームができてきましたからね。そうなると何が起きるのかと言えば、アウェイのスタジアムにもスター選手を見たいがために観客が集まるようになるんです。そうなれば、そのクラブは必然的に入場者収入があがるし、それがあがれば有力スポンサーがつくようになって、更にクラブは大きくなる。って考えると、このまま進めばCリーグは5年後、とんでもないリーグになっていると思いますよ。それをJリーグがどう思うか、ですよね。というか、僕はとにかく韓国のKリーグのような状況に陥らないことを願います。だって、今のKリーグって悲惨じゃないですか？　一番いい選手……代表クラスの選手は欧州に行ってしまうし、その次のセカンドティアの選手は日本に行く、と。つまりKリーグでプレーしているのって、実質、サードティアの選手なんです。それじゃあ、観客の平均動員数が5000人前後になっても当然です。もはや惨憺《さんたん》たる状況ですよ。でもJリーグもこのままだとそうなる可能性は十分にあると僕は思います。

宮本　実際にJリーグも代表クラスの、あるいはトップレベルの選手の多くが日本を離れてしまっている現状がありますからね。

堀江　そういうことです。

世界に勝つための投資

堀江　でもJリーグの場合、今はまだセカンドティアの選手は日本でプレーしていますしね。だから今のうちに手を打たなければいけない。だってこのまま東南アジアが経済発展を続ければ、間違いなく日本人選手も草刈り場になっちゃうはずですから。実際、いますでにタイでプレーする日本人選手は50人くらいいますからね。もちろんこれは、Jリーグで活躍できなかった、とか、プロにすらなれなかった選手が殆どですが、それでもそれだけの選手が在籍しているということは、アジアが日本人選手を獲りたがっている証拠だと思った方がいい。

宮本――儲かる仕組みということでは、選手の移籍時に発生する違約金についても、ちゃんとクラブが利益を得られる仕組みを考えなければいけないと思います。これまでは明らかにそこをやっていませんでしたからね。

堀江――それはなぜ、やってなかったのですか。

宮本――それこそ、ものすごくファジーなというか…選手の気持ちを大事にしてあげよう、海外移籍の夢を叶えてあげよう。海外からオファーが届いたらフリーで出してあげよう、というような感覚ですよね（笑）。日本のJクラブには、プロとしてはあり得ない、まだまだそういう契約があったというか…それがまかり通っていたんです。例えば「3億円を出してまで日本人選手を獲得しようとは思わないだろう」というのが分かるから、少しでもその金額を抑えるための契約形態にしてしまう。でも、本当の意味でプロクラブの経営ということを考えるならそれではダメですよね。クラブにとっては何らお金にならないわけですから。更に言えば、例えば昨今浦和レッズがいい選手を集めていますが、あれって基本的には契約切れの選手ばかりなんですよね。そうなると、その選手を育てたクラブには1円もお金が入ってこない。広島から浦和に移籍した選手のほとんどがそうですからね。契約のない、言わばフリーの選手には違約金は発生しないですから。そう考えると国内のクラブ間の移籍にも、ちゃんとお金が発生する仕組みを整えなければいけないとも思います。

堀江　――選手の育成の段階で投資したクラブにも、彼らを保有する権利はないのですか？

宮本　――権利は持ってないですね。もちろん、トレーニング補償金というのはあって、例えばガンバのアカデミーで育った選手が、バルセロナに100億円で移籍したとしますよね。そうなった場合、100億のうちの5％、つまり5億円が連帯貢献金になり、12～15歳に所属したクラブ、16～18歳に所属したクラブにも決められたパーセンテージの額が支払われるという仕組みはあるんですが、それはあくまで契約がある選手に関してのこと。フリーの選手であれば、バルサは0円で獲得できる。そこはクラブの資金的な問題もあると思います。本来、いい選手に対しては長期の契約を結びたいはずですが、現状、経営状況を考えても長期の契約を提示できない。だから、例えば海外移籍を視野に入れている選手は『海外』ということを考えるようになった時点で、敢えて所属クラブとの長期契約を結ばず、自分を自由が利く状況にしておいてヨーロッパのクラブに移籍する、という選手が出てくるんだと思います。

堀江――ヨーロッパに行くことがステータスっていう時代でもなくなっているような気がしますが、サッカー界はやはりヨーロッパですか。

宮本――そこは間違いないですね。やっぱりみんな、ACLよりも、UEFAチャンピオンズリーグでプレーしたいと思っているはずです。

堀江――実際に宮本さんもレッドブル・ザルツブルク（オーストリア）でプレーされていますが、その中ではどんな魅力を感じましたか。

宮本――やっぱり本場だな、ということですよね。もう全てが違う。サッカーのレベルにしても、環境にしても。この環境というのは単に環境がいい、悪いということではなく、戦う環境やその国、街の文化を醸し出しているスタジアムの雰囲気、お客さんの質を含めた環境です。もちろんJリーグも、安全面や衛生面など素晴らしいところはありますが、要は…サッカー選手としての幸福感みたいなところですよね。それは絶対にヨーロッパの方が感じられるし、そこを含めた魅力は間違いなくあると思います。もちろん、これについては個々の価値観があるのは当然だし、高額サラリーをもらって中国や中東のクラブでプレーするという考え方も否定はしませんが。

堀江――なるほど。でも僕はさっきも話したようなアジアの将来ということを考えても、今後、中国がパワープレーでどんどんいい選手を引き抜き続けたら、ここ10年でアジアとヨーロッパの力関係が変わる気がしてならないんですけどね。もっとも、僕の頭の中は常に10年後に行ってしまっているので、今この話をすると極端に感じるのかもしれないんですが、10年経てば、「うわぁ、なんかACLの方が全然すごいよね」ってなっていると思いますよ。それだけの経済発展がイメージできるので。

宮本――そうなっていて欲しいとは思いますけどね。そのときに、Jリーグが置いて行かれないようにしないと。

堀江――置いて行かれないように、というのはちょっと消極的ですよね。むしろ、先頭を走れるようにしないと、でなければいけない。置いて行かれないように、と思った瞬間に、置いて行かれるものだから（笑）。だからさっき、宮本さんもおっしゃった目先の数年ではなくて、10年後、自分たちはこうなっている、というビジョンをJリーグも、クラブも持つべきだと思います。それは村井チェアマンにも言い続けているんですけどね。チームのオーナーになろうとしている人や、投資家には「Jリーグを世界のトップクラスのリーグにするために、いま、これだけ投資したらこれだけのリターンが返ってくるよ」というメッセージを出すべきだし、放映権を買いたいと思っている人たちにも、そういうメッセージを出すべきだと思います。「僕たちは、10年後にこれだけ素晴らしい、世界でも冠たるリーグになっているんだ」というメッセージを出す。それさえ描けていれば意外と変わっていけるんです。言霊《ことだま》じゃないけど、言葉から来る未来というのは必ずあって、「僕たちは世界のトップを目指すんだ」という言葉には、不思議なもので、全ての関係者がそこを目指さなければいけないと思わせる力がある。もちろん、そのポテンシャルが全くない状況でそれを言っても「何を言っているんだ？」ということになると思いますけど、そうは言ってもJリーグは20年かけてベースを作った訳ですからね。それをあと30年かけてじっくり育てていくのならそれでもいいけど、その頃には完全な草刈り場に、単なる育成リーグになっていますよ。それでもいいんですか、と僕は問いたい。

宮本　堀江さんがJリーグのアドバイザーとして、そういったいろんな発言をし続けることで、Ｊリーグも少しは変わってきたなという手応えはありますか。

堀江　変わってきているとは思います。さっきも言いましたが、僕たちは好き勝手言っているというか…極端なことを言うのが仕事なので、言いたい放題言っていますけど、「全てはできないけど、これくらいならやってもいいかな」っていう気持ちにはなっているし、そういう変化も見られます。実際、ガンバが新スタジアムを建設したのもその1つだと思いますしね。僕は本当に、あのスタジアムに期待しているので。ただ…1つ、注文をつけるとしたらやはり場所。あそこはちょっと…立地が厳しいですよね。駅を降りてからも結構な距離がある。これは作ってしまったあとなので言っても仕方がない話ですが…サッカー好きには理解できないかもしれないけど、スタジアムに行くのって一苦労なんです。一苦労というのは、気持ちの面で、一苦労なんです。好きではない人というか…「たまにはサッカーを観に行ってもいいかな」くらいの人にとっては、あのスタジアムまでの精神的距離は苦痛でしかない。この『精神的距離』という言葉は僕がよく口にするんですが、分かります？　単なる距離ではない見えないバリアみたいなものを含めた、精神的距離です。

宮本　簡単に言えば「行くのが億劫《おっくう》だ」ということですか？

堀江　理解できないかもしれないですが、「えいや。うんこらしょ」と腰を上げなければ行けない、みたいな。

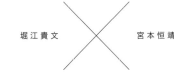

宮本 いや、分かります。僕もＦＩＦＡマスターでミラノに住んでいたときに、サンシーロ・スタジアムに行くのはそういう感覚でしたから。「駅を降りてからこんなに歩くの？」とか「こんなにお客さんがいるの？」から始まって、着いたら着いたで「こんな古いスタジアムか…」みたいな（笑）。

堀江 試合を観たい気持ちがそれで萎えてしまう、みたいなことですよね。そうです。スタジアムが古いっていうのも考えものですよね。だって、そんなの、女性に観に来るなと言っているようなものですから。女性と男性のトイレの数がイコールの時点で、そのスタジアムはダメだなと思ってしまう。だって、女子トイレに並んでいる人って、本当に用を足したいから並んでいるのであって、我慢している人はさらにその倍以上、いると思いますよ。だから絶対に女性トイレの数は男性トイレの数を大きく上回らなければいけない。新スタジアムは大丈夫ですか？

宮本 新スタジアムは圧倒的に女性トイレの数が多いそうです（笑）。

堀江 なら良かったです。僕はスタジアムに女性が少ない理由って、それも１つだと思っていますから。だってＪリーグの試合って男女比率がいびつじゃないですか？　女性が半分もいない。それが劇や芝居、ミュージカルだと９割が女性なのに、プロスポーツには女性が半分も集まらない。

宮本　これにはいろんな理由があると思いますが、トイレの汚さやトイレの数は非常に大きなファクターだと思います。あとこれを言うといろいろと批判が出そうですけど…例えばイケメンの選手をもっとフィーチャーするとか、腐女子にアピールするような取り組みも必要だと思います。一応、ガンバもやってはいるはずなんですけど…期待に応えられるほどではないということですね（笑）。でも確かに、応援しているチームに好きな選手はいると思いますけど、サッカーファン以外の層を取り込むほどの…内田篤人（シャルケ04）ほどの人気のある選手は今のJリーグにはいないかもしれません。

利用者の需要を取り込む工夫

堀江　サッカーファン以外の層を取り込む、ということを考えるなら、ＩＴの

宮本

活用は不可欠ですね。例えば、今の時代、センサー類はものすごく安くてコンパクトになっていますからね。選手に発信器をつけてそのデータをリアルタイムに出すとか、選手の動きや走り方まで明らかにして疲労の度合いがモニタリングできるとか。それをショーアップに活かすのか、戦略分析に活かすのかはあると思いますけど、そういう時代になってくるんじゃないですかね。あるいは、すべての選手にマイクロカメラをつけてそれを無線伝送するとか、選手目線のプレーなんかも中継される時代が来るとか…それを先進的にやったのがＦ１ですからね。Ｆ１っても う20年近く前からオンボードカメラがついていて…といっても最初は本当に限られたチームにしかついていなかったんですけど、今やＦ１をオンボードカメラで見るのは当たり前になっていますからね。サッカーだって全員にマイクロカメラがついて、選手の目線でリアルタイムで見られるようになる、といった時代があと1～2年でくるかもしれません。それを手持ちのiPhoneやiPadで楽しめる、ということですよね？　試合を観ながら、手元のiPhoneでデータを楽しむ、と。確かに、それはコアなサッカーファン以外の層を取り込むにはいいと思います。そういう戦略をしていかないと、市立吹田サッカースタジアムを毎試合、４万

堀江　人で埋め尽くすことはできないかもしれない。これまで使用していた万博記念競技場の集客数から考えても。

あとは、日程ですね。Jリーグを観に来てくれるお客さんの中で一番のターゲットはやはりサッカーをやっている人だと思うんです。なのに、そのサッカーをしている一般の人たちが来れないような日程が組まれたりしている。それじゃあ厳しいですよね。でも、そのへんはブンデスリーガでも考慮していますよ。州ごとの協会とうまく連携してスケジュールが被らないようにしようとか、日程ちょっとずらそうとか、そういう地味なことも、実は観客動員に影響している。あとやっぱり、プロ野球がうまくやっているなと思うのは…これはスタジアムが街中にあるからなんですが、「ビールを飲みに行こう」「野球でも見ながらビールでも飲むか」みたいな感じの需要をちゃんと取り込んでいること。でも、サッカーはそこも取り込めていない。それはチーム数が多すぎて、どこが何位にいてどのチームと戦っているのか分からないっていうのもあると思います。

宮本　それは、僕も思います。それじゃあ注目も集まらない。実際、「何の試合をやっているのか分からない」って思う人がいっぱいいるのは、おか堀江――しな現象ですよね。

宮本――だから、Jプレミアみたいなものをつくったほうがいいんじゃないかって話になりますよね。でもまあ、そうやって考えると、取り組むべき課題がたくさんあって楽しいんじゃないですか（笑）。だって、うまくいっている経営なんて、仕事していても楽しくないと思いますし。これからいくらでも伸びしろがあるんだから、むしろ、チャンスですよ。そんな風に考えられる経営者がどのくらいいるのか…先まで考えていて、いかに儲けるのかということを、ある意味、楽しんで取り組んでいる経営者が…。

堀江――だから、宮本さんは将来、社長をしたら良いんじゃないですか？

宮本――社長ですか（笑）？　まあ今は、指導のところを…今は本当に勝負に勝った、負けたというところに熱を持ってやりたい自分がいるので、まずはそこを頑張ります。

堀江――いまのガンバの育成年代はどうなんですか？　育成年代もタイなど東南アジアの国が強くなってきたという風にも聞きますが。

宮本――間違いないですね。昨年、ジュニアユースチームで13歳のチームの監督をしていたときも、ベトナムのチームの13歳と試合をして負けましたから。

堀江　それは、やばくないですか。

宮本　やばいですよ。クラブ対抗戦みたいな感じで、ベトナムの裕福なクラブに招待を受けて行ったんですが、負けました。

堀江　その子たちがあと5年経てば、と考えれば、危機感を持つべきですよね。

宮本　おっしゃる通りだと思います。実際、U－20やU－17日本代表のアジアでの立ち位置の逆転ぶりを見ても、危機感しかありません。

堀江　その世代の逆転現象はなぜ、起きているんですか。

宮本　その理由のひとつは資金力でしょうね。資金力のあるクラブが、指導者を呼んで、育成にもお金を掛けて、ということをやり始めていますし、選手たちも常にヨーロッパを見ている。実際、東南アジアの育成年代の選手にしても、アジアに出ていくよりヨーロッパに出ていきたいと思っている選手が殆どですからね。「日本で練習に参加しませんか？」というオファーよりも断然、「スペインで練習に参加しませんか？」というオファーになびくし、そこに行く。昨年の夏に、アトレティコ・マドリーに海外研修に行った際も、16～17歳くらいの中国人選手や韓国人選手がゴロゴロいましたからね。それはお金で、ということではなくて実力で、だと思います。じゃあそこに日本人はいるのかと言えばいませんから。日本代表が以前のように、アジア諸国との対戦で大差では勝てなくなってきたのも、そういうことだと思います。そこは我々、育成年代の指導者も危機感を持たなければいけないし、クラブとしても取り組まなければいけない課題だと思います。

堀江――つまりは、とにかくいろんなことに危機感を持つべきです。そして、アジアの勢いをなめてはいけない。僕はここ15年くらい、毎年のようにタイのバンコクに行っていますが、タクシーに乗るとその国の経済レベルがよく分かるんです。例えば、15年前のバンコクはタクシーに乗っていて信号で停まると、必ずホームレスの子たちが花を売りにきたり、お金をもらいに寄ってきたんです。それが今はもういないですからね。あれはすごいバロメータですよね。今の時代にそういう光景を見るのは、バングラデシュとかくらいしかないいんじゃないかな。

宮本――マンパワーと言いますか、上昇志向もすごいですしね。それを目の当たりにして、日本に帰ってくると、元気のなさを痛感します。

堀江――大阪はまだ元気な方ですけどね。

宮本――少し前はダメでしたけど、ちょっと元気になってきましたね。僕も自分の立場でしっかり頑張ります。

×森保一

与えられた人材を組織として膨らませる

集客率アップの法則

常に高みを目指す、挑戦者であり続ける

仲間意識が、やる気を促す

部下の才能を見出し、引き出す技術

与えられた人材を組織として膨らませる

堀江　現役はいつまでされていたんですか。

森保　2003年シーズンまでです。35歳で引退しました。

堀江　以来、ずっと指導者ですか？

森保　そうですね。最初はコーチ業からスタートして、監督になったのは12年からです。

堀江　以前、宮本恒靖（ガンバ大阪ユース監督）さんと対談させてもらった際にも『S級ライセンス』の話が出ましたが、実際に監督をされている中で指導者ライセンス制度の必要性は感じていますか？

森保　細かな部分で考慮するべきところはあるかもしれませんが、必要か否かで判断するなら、僕は監督としての基本的な考え方を学べたという意味で、あってよかったと思います。ただS級は、カリキュラムが結構大変で、1年かけて取らなければいけない現状もありますからね。また、今の日本の指導者ライセンス制度って、僕らの時代とは違ってB級、A級、S級と段階を踏んで取得しなければいけないという規約もあるので。そのへんは、Jリーグの出場歴や日本代表歴に応じて、見直してもいいように思います。

堀江　森保さんが指導者ライセンスを取られた時代は仕組みが違ったんですか?

森保　僕らの時代は、代表歴やJリーグの出場歴でB級からS級に飛び級ができたんですが、今はそれができないので大変だと思います。だから例えばカズさん（三浦知良／横浜FC）ほどのキャリアの持ち主が指導者ライセンスを取りたいとなれば、段階を踏まずに飛び級でS級を取得できるような仕組みがあってもいいのかも、とは思います。

堀江　カズさんと言えば、僕は未だにフランスW杯代表メンバーから落選したことに…つまりは当時の岡田武史監督（FC今治代表取締役会長）に一物があって（笑）。なんであんな判断をしたんだろう、みたいな。理詰めで判断するのではなく、もっと感情だとか、エモーショナルな部分でのプラスアルファを見ても良かったんじゃないかと思っていました。森保さんは今、監督をされていますが、将来的には日本代表監督になる可能性もありますよね。そうなれば当然、岡田さんのように選手選考の決断を迫られることもあると思うのですが、ご自身が岡田さんの立場だったら、というようなことを考えたことってありますか。

森保——具体的にはないですけど、代表監督であろうと、チームの監督であろうと、『監督』という仕事は常に、いろんな決断をしなければいけませんからね。選手全体を見渡して、どういう組織でエネルギーを作っていくのか、よりよいチームを作っていくのかを考えなければいけない。それは当時の岡田さんもきっと同じで、カズさんがどうこうという部分は抜きにして、グループとして最大限の力を発揮できるメンバーを選んだんだと思います。実際に僕もいま、サンフレッチェ広島の監督を預かっていて、フィールドの選手が27人、ゴールキーパーが3人、在籍していますが、試合ではそれを30分の18人にしなければいけませんからね。その際にはまず第一に「グループとして最大限の力を発揮できる選手」ということを軸に選手を選んでいます。

堀江——よく「フラットに選手を見る」と話している監督さんがいますが、そこ森保――は本当にフラットなんですか？

堀江――フラットといいつつ、構想はあるし、序列はありますよ。でも、それはいつでも変わるものという意味ではフラットというか、ニュートラルに選手を見るようにしています。

森保――僕なんかの商売はその辺がすごく簡単なんですけど、スポーツのチームを作るって、ファジーな要素があり過ぎて、よく決められるなって思うんです。だって、選手は世界に何万、何千万といるじゃないですか？　しかも選手のバイオリズムとか、人間だからモチベーションも絡んでくる。また、さっきおっしゃったようなグループの中でどうかということも考えなければいけない。となれば、ピッキングするのはものすごく大変な作業だと思うのですが、どうやって当たりをつけるんですか？　外国籍選手なんて、本当によりどりみどりだと思うのですが。

選手のピッキングというか、選手を揃えるのは、クラブの仕事ですからね。もちろん、僕も監督としてリクエストは出しますけど、うちの場合、予算が限られているので、自分が本当にほしいとリクエストした選手は、ほぼ取れません（笑）。つまり与えられた環境と与えられた選手で勝つのがサンフレッチェの現状だと思っています。浦和レッズやＦＣ東京、名古屋グランパスや鹿島アントラーズなどある程度、予算に余裕があるチームならまた話は違ってくるはずですが。

堀江――サンフレッチェの場合、監督はそこまで選手選びに口を出していない、ということですか？

森保――『選ぶ』段階では意見はしますけどね。他のクラブの選手を見て「あの選手をあたってほしい」というリクエストをすることもあれば、逆にクラブの強化部から「こういう選手がいるけどどうですか？」という相談を受けて、フィーリング的にいいなと思った選手なら「お願いします」ということになることもあります。ただ、そうは言っても予算がありますからね。ほしいと思った選手が全て獲れるとは限らないという現状はあると思います。

堀江――基本的に、世界中でプレーしている全ての選手が獲得対象ですか？

森保――サンフレッチェの場合は、そうではないと思います。予算的に海外の選手は、日本人の『海外組』も含めて高額なので。

堀江――つまり、予算はそれほど大きくないと？

森保――正直、近年で3回優勝しても、そこはなかなか膨らんでいかないということがわかっているので、自分としては与えられた選手でやるという考えが基本にあります。それにクラブとしても、育成型クラブとうたっていますからね。僕自身もそうでしたが、無名なところからチームの戦力に育てて試合に出す、とか、日本代表に選ばれる選手の育成を目指しているからこそ、移籍選手の獲得にしても、何億もかかるキャリアの豊富な選手を獲得するよりも、うちのコンセプトに合って、まだ伸びしろもある、そこまでお金のかからない選手を獲得している現状があります。

堀江 ―― でもそれにも加えて毎年のように、いい選手がどんどん出て行っちゃっていますよね。あれって、チームにお金が入ってくるんでしたっけ？

森保 ―― 複数年契約を結んでいる選手の、期間内の移籍であれば、違約金が発生してクラブにお金が入ってくるのですが、いずれの選手もちょうど契約が切れるタイミングでチームを出ているので、これまで移籍した選手からはほとんどお金は入ってきていません。

堀江 ―― でも、違約金が取れないのなら、そのクラブは『育成型クラブ』とは言えないのではないですか？

森保 ―― その通りです。だからこそ、ビジネスで考えれば、そこはクラブが成長しなければいけないところだと思いますし、これから先、僕が監督をしている間は、そういうことがないようにしていきたいと考えています。

堀江　それは複数年契約をするということですか。

森保　そうです。もちろん、移籍は個人の自由だし、認めますが、出て行くのなら違約金を落としていってもらうという形を作らなければ、クラブ経営としても成り立っていかないと思うので。

堀江　つまり、現状、クラブの経営としては、あまりうまくいってないということですね。本来なら、もし選手を手放すならそれで儲けたお金で新たな選手を強化するなり、育成面にお金を費やすなりしなければ意味がないはずですが、そこができていないと。

森保　うちもそこを目指しているとは思いますが、近年の状況を見る限り、できていないと思います。例えば、他の某クラブを見ていると、今年で契約が切れる選手や、切れたタイミングで移籍する気が満々だなっていう選手に関しては、契約期間内に強引に売るとか、あるいは極論、起用しないということもやっていかなければ現状は変わらないのかなとは思います。

堀江　でも結果、そうやって選手を抜かれても勝てちゃうから、それでヨシとされるんじゃないですか。だって、そういう事情がありながら4年で3回、Jリーグで優勝しているんですよね。だから経営者もさぼっちゃう。

森保　確かにこれまでは勝てていますが、じゃあ、これからはどうかと考えたら保証はないし、クラブの在り方としてはやはり、移籍をするならお金を発生させていかないとクラブ規模も変わらないと思います。

堀江　サンフレッチェがそういう現状で勝てているのに、どうして他のクラブはそれを学ぼうとしないんですか？　僕が経営者なら研究しまくると思うんですよ。特に同じくらいの予算規模でやっているクラブなら、こんなにいいモデルケースが目の前にあるんですよ。見ても分からないこと、調べても分からないことなんて、そうそうないですからね。

森保　僕が大して特別なことをやっていないからじゃないですか（笑）。

堀江　いや、結果が出ていますからね。でもそうやって考えても、やっぱり経営者って賢い人がそんなに多くないんです。言葉は悪いですが、言ったら経営者なんてバカばかりで…これ、メディアでもよく言っているんですが、バカというのも、いい意味のバカと、悪い意味のバカの2種類あって、前者は後先考えずにリスクを恐れずにチャレンジできるという意味のバカ。後者は本当に知識と教養がないバカなんですが、これが結構、同居している経営者って多いんです。ある意味、知識とか教養がないから、バカでいられるんだと思うんですけど。この間も『Qさま!!』っていうクイズ番組に出演した際に、すごく学歴の高い博識芸能人のブロックと、先生ブロックと、社長ブロックの3つに分けられて、僕は『社長ブロック』に入れられたんです。だから思わず、開口一番「めっちゃ楽なグループに入れていただいて、ありがとうございます。経営者ってバカばっかりなので、楽勝です」って言ったんですが、案の定、ブロックごとの予選では僕が20問中15問ぐらい正解して、楽勝で決勝に進出できました。事実、あまりちゃんとした経営をしていない経営者って多いですからね。特にスポーツ業界はレベルが低い。プロ野球界だって、04年に楽天の参入があってガラリと変わりましたが、僕がそれ以前に参入を考えていたときにいろいろと調べたら、やるべきことなんて1つもやっていませんでしたからね。例えば、球場との一体経営だって、アメリカのメジャーリーグなら当たり前にやっていることが国内では全くベンチマークされていなかった。メジャーリーグっていま、ほとんどが天然芝の球場だし、エンターテイメント施設もたくさん作って、野球が別に好きじゃない人でも楽しめる『ボールパーク』になっているんですけど、そんなベーシックなことでさえ、当時の野球界はどこもやっていなかったですからね。

森保　要は、日本のプロ野球は公共の施設で競技だけやっていた、と。

堀江　みたいな感じです。そう考えると、プロ野球はこの10年でものすごく進化しつつあるんですが、逆にJリーグは全く進化していない実態があって。Jリーグのアドバイザーに就任する前に、『サッカーマガジンZONE（編集部注：16年6月で休刊）』という雑誌でサッカー経営論みたいなのを連載していた絡みでいろいろと調べたら、Jリーグは時間が止まっていて、これはヤバいなと気づきました。でもここにきてようやく変わり始めましたよね。以前から僕が言い続けている、築地の跡地をスタジアムにしましょうって話も結構、具体的に動き始めましたしね。

集客率アップの法則

堀江　広島のスタジアムを作ろうという動きはいま、どうなっているんですか？　僕は絶対に市民球場跡地に作るべきだと思います。あそこに専用スタジアムができたら絶対にいろんな面で変われるはずですよ。

森保――それがなかなか具現化していかないんですよね。

堀江――広島って、Jリーグのプレミアリーグ化構想で考えると、ギリギリ入れるかどうかのクラブだと思うんです。もしも現在のJ1リーグの上にプレミアリーグができたら、東京に2チームと、大阪、神戸、京都のうちの2チーム、あとは福岡、札幌、仙台、静岡に1チームで、あとは新潟、広島が入るかどうか、みたいな感じになると思うんですが、そのときに専用スタジアムがあるか、それが街中にあるか、というのは大きなポイントになるというか。むしろ僕はJリーグのチームにそういう条件をつければいいと思っています。そのくらいサッカーやJリーグの発展に専用スタジアムは大きく関わってくる要素ですから。だって、投資対象として考えるなら、やっぱりスポンサー収入以外に、入場料やグッズ売り上げ、ライブ売り上げが伸びているイメージがほしいから。そのためには駅近というか、街中にスタジアムが必要になる。プラス、単なるスタジアムではなく、プロ野球の広島カープが使用するマツダスタジアムみたいに『ボールパーク』のようなものができれば理想的ですね。

森保

本当におっしゃる通りだと思います。去年、我々が戦ったJリーグチャンピオンシップ決勝の第2戦の視聴率って、広島地区で平均35%だったんです。瞬間最高視聴率に至っては、40%を超えたらしく、その後に出場したFIFAクラブワールドカップの視聴率も、戦った試合の全てで広島地区は30%近い数字を記録した。全国的にみても、リーベル（アルゼンチン）とバルセロナ（スペイン）の決勝より、うちと広州恒大（中国）との3位決定戦の方が視聴率は高かったという話でしたしね。それを踏まえて、今年の観客動員数がどのくらい増えるかと思っていたのですが、蓋を開けてみれば、観客動員数は増えていない。それはなぜかといえば、やっぱり場所の問題だと思うんです。専スタという以前にアクセスに難がある。だって、チャンピオンシップ（決勝第2戦）のときって、キックオフが19時半で、試合が終わったのが、21時過ぎ、そこから優勝セレモニーが行われましたからね。それを観て帰った人で、公共交通機関を利用した人は、さらに1時間くらい待たなければいけなかったという話ですから。12月5日という真冬の寒さの中で震えながら待って、逃げ道になるようなものもコンビニが1つしかなくて、トイレに行こうと思ったらまた帰る列から外れて後ろに並ばなければいけない。で、ようやく街中にたどり着いたと思ったら終電は終わっていて家に帰れない、と。そんな状況に陥ってまで試合を観に行くかと考えたら、コアなファンの人たちは来てくれるかもしれないけど、プラスアルファのライト層の人たちとか、優勝を決める試合だから、と新規で楽しみに来てくれた人たちは「二度と行くもんか」となりますよ。

堀江――すごくよく分かります。おっしゃる通りだと思います。

森保――テレビの視聴率で30％、40％をたたき出したということは、県内の占拠率で考えると１００％に近い人たちに観てもらったということですからね。サッカーってそれだけのポテンシャルがありますよ、商品価値がありますよ、と示しているのに、それが今年に何ら結びついていないのは必ず原因があるはずなんです。例えば、去年の優勝グッズにしても、せっかくＴシャツなどいろんなものを作っても、手元に届いたのが今年のシーズンが幕を開けてからでした、なんて絶対にあってはいけない。そこにはクラブが出したアイデアを商品化するのに、一度Ｊリーグに申請しなければいけない、といった規定があることでタイムラグができてしまうという問題もあるのですが、そういうことから見直さないと、どれだけ結果を残しても気運は高まっていかないと思います。そう言えば、

堀江　もう10年ほど前の話ですが、広島カープのマーティ・ブラウン元監督が判定に抗議してベースを投げちゃったことがあったじゃないですか？　あのときなんて、球団はすぐさまそのことをもじったTシャツを製作していましたからね。去年だってトピックス的なことが起きるとそれをすぐに商品化して売っていますから。そのくらいのアイデアとスピードをもってお客さんを巻き込みながら仕掛けていかないと、新しいファンも増えないですよ。

森保　今、カープは本当に勢いがすごいですからね。二軍の選手に至るまで全員のレプリカユニフォームを作っていますから。スタジアムに行っても、先ほど堀江さんがおっしゃった通りで、まさしく「ボールパーク」というか、複合型施設みたいな感じになっていて、球場内には大型ショッピングモールのようなフードコートがあったり、子どもが遊ぶゲームセンターというか、アミューズメントパークみたいな場所があったり。僕も実は、去年の8月6日に試合を観に行ったんですけど、広島にとっての8月6日というのは、原爆投下という悲しい歴史のあった日で、平和の祈りを捧げる日なので、以前はその日にスポーツはしないという考えがあったんです。でも近年はスポーツから平和を発信していこうという流れから、試合が行われるようになったんです。それもあって、どういうイベントをするのかを観に足を運んだら、マツダスタジアムはほぼ満員で。どうしてこんなに人が集まるのかを観察していたら、要はスポーツも楽しむけど、公園に呑みに来ているだけの人がいたり、子どもなんかは滑り台を楽しそうに何度も滑っていたり、純粋に野球を観に来ただけではない人がたくさんいた。その層を取り込むための仕掛けが非常に巧いなと感じました。

堀江――メジャーリーグのボールパークだって、そんな感じで、来ている人の中には試合を観ていなかったりする人もいますからね。で、他の目当てのこと…食事や買い物を楽しんだ上で、その合間にちらっと試合を観ている。

森保――あと、広島って世界初の被爆地で、世界に知られた都市ですからね。市民球場跡地にスタジアムできれば、自然と、原爆ドームをみていただいて、原爆資料館や平和公園で歴史を感じていただいて、ということもできますしね。

堀江――世界的に有名な観光地であり、特に原爆ドームは世界遺産ですからね。

森保――実際に去年、われわれがクラブワールドカップでリーベルと試合したと

堀江

きも、試合は大阪の長居スタジアムで行われたんですが、リーベルのファンはその前後に広島を訪れてくれたそうです。彼らはレプリカユニフォームを着て練り歩くから、すごく目立っていたそうですが。また、試合前後に記者会見をしたときも、僕の隣で司会をしていたアルゼンチン出身でアメリカ在住のFIFAの職員が僕に言ってきたんです。「この大会が終わったら、僕は家族をアメリカから呼んで日本の観光をする。最初に行くのはピースパークだ」と。その言葉が全てで、広島って世界中の人が目を向けてくださる土地なんですよね。だからこそ、広島もそういう平和を発信するツールのひとつとしてスポーツを利用してくれればいい。もちろん、広島には広島交響楽団というプロの楽団があったり、JTサンダーズというバレーボールチームがあったり、ハンドボールも強いし、ホッケーでも日本一を争うようなチームがあるなど、いろんなツールがあるとは思います。でも冷静に考えて、一番集客できるのはやっぱりサッカーですからね。だからこそ、ぜひサッカーを利用してもらいたいと思っています。

それはさっきおっしゃったチャンピオンシップの動員数や視聴率を見ても明らかですからね。マツダスタジアムのようなボールパークができれば理想です。

森保――でも、カープは動員戦略もうまいなって思いますよ。先ほど話した僕が観に行った試合でも…僕は3回の、ちょうどカープの守備のときに到着したんですが、コンコースが人で溢れているんです。フードコートもめちゃめちゃ賑わっていますし、グッズ売り場も、試合中なのに店内には人がたくさんいる、みたいな。ある意味、「この人たちは何をしに来たんだろう？」的な思いにもなるくらい、試合だけではなくスタジアムを楽しみに来ている。あれはうちのスタジアムでは見られない光景だと思います。しかもいま、めちゃくちゃきれいになりましたしね。

堀江――実はその『きれい』というのもすごく大事な要素なんです。だから神宮球場ってつくづくもったいないと思う。あんなにいい場所にあって、あのトイレの汚さですからね。あれでは女性が応援に行かない。

森保――一昨年、研修でドイツのスタジアムを観に行ったんです。そのときに聞いたのは「一時期、観客動員が伸び悩んでいたブンデスリーガが、2006年のワールドカップの後から飛躍的に伸びたのは新しいスタジアムができたからだ」と。しかもどの層のファンが増えたかと言えば、女性と子どもだと。で、じゃあ、なぜ女性が足を運んでくれるようになったのかと言えば、トイレと動線です。場所は郊外にあったとしても、動線が整えられて安全が確保されるようになったことや、それまでの立ち見席では誰がどこから体重をかけてくるのか分からないような危ない状況だったのにスタジアムができて、椅子が設置され、衛生面でも清潔になったことで、女性がスタジアムに来るようになり、イコール、男性もついてくるから観客動員が増えた。

堀江 それって簡単な理論で、ライブエンターテイメントを観に行くのって、実は女性が多いんです。例えば演劇や宝塚だって9割は女性ですからね。だから、その世界では男性をどうやって来させるかをみんな苦心しているんですが、サッカーや野球はお客さんの7〜8割は男性なんです。そう考えても、女性をそういう場所に連れてくるのって、ちゃんとした設備にすれば実は簡単なんです。だからこそ、女性と子どもをいかにして取り込むかを一生懸命考えた方がいい。そうすれば、おっしゃる通りで男性は必ずついてきますから。でも、そういうリサーチもされているということは、新スタジアム計画も本格的に動いているということですよね？

森保 はい。あとは場所をどうするかというところです。うちの会長が3月に

堀江

――

『広島市民球場跡地に作っていただけるならサンフレッチェ広島はそこを使いますが、宇品に作るなら、我々はそのスタジアムを使いません』と宣言していますからね。あとは行政との兼ね合いを含めて、どうなるかだと思います。

マツダスタジアム然《しか》り、街中に作るのなら、儲かるスタジアムってできると思うんです。そのポイントは何かと言えば、さきほど森保さんもおっしゃった、ライト層をいかに取り込むかなんですよね。野球って下手したら3、4時間は平気でかかりますけど、サッカーって基本的に90分で終わるじゃないですか。ハーフタイム入れても2時間以内には終わる、と。つまり、スタジアムが街中にさえあれば試合が終わったあとに呑みに行くことだってできる。そういうことも実はすごく大事だし、あと、アマチュアの子どもたちを取り込むために少年サッカーの試合とかぶらないようにするのも1つだと思います。Jリーグの試合の前に少年サッカーの試合をするとかね。芝が傷むとかいろいろ言われますけど、子どもがちょっとサッカーをするくらいのことは許してあげれば、そのままスタジアムに居残って試合を観てくれるし、そこには保護者もついてきますから。そういう丁寧なことをやっていけば、毎試合2万5000人

森保　を埋めるのって、実はそんなに難しい話じゃないと思いますよ。サンフレッチェは…というか僕もそうですけど、クラブもチームも、広島という土壌に生んでいただいて、広島に育てられてきましたからね。その恩返しとして、広島の皆さんにいいサッカーを魅せる、結果を出すということはもちろんですが、ピッチ外のところでも地域貢献活動をしていこうということは、伝統として守られているんです。事実、いまも試合前のイベントで子どもに来てもらうとか、クラブのスクールコーチがいろんなところで地域の指導者と連携をとりながら子どものサッカースクールをするとか、そういう地道な活動を続けている。つまり、間違いなく日本のトップクラスだと胸を張れるくらい、地域との結びつきの中で熱心に活動しているクラブだと思います。でもだからこそ、いい場所にスタジアムができれば、これまで伸び悩んできた観客動員も大きく変化する可能性があるんじゃないかとも期待しています。

堀江　大きく変わると思いますよ。それはなぜかと言えば、近年はソーシャルメディアの影響もかなり大きくなってきたというか。ここにきて誰もがスマートフォンを持っている状況になったことにも助けられ、情報がより伝わりやすくなったんです。みんながネットやＬＩＮＥ、ＳＮＳで簡単に繋がれるようになり、例えば「サンフレッチェがいまこんなことをやっているよ」的な情報も一気に、簡単にパ～ッと広まるようになった。昔はそれがなかったから、ライブでいろんな情報が伝わりにくかったと思うんですけどね。だからこそ、地域密着のスポーツというビジネスは、これからもっと有望だと思うし、より可処分時間も大きくなりますからね。というのは、これからの日本は、だんだん仕事をしなくなるんです。ＡＩのようなロボットも発達して、いろんなことがどんどん自動化されて、人間がやらなければいけない仕事がほとんどなくなるから、必然的に可処分時間がもっと増える。そうなれば、スポーツなど、エンターテイメントに惹かれる人ももっと増えるはずです。

常に高みを目指す、挑戦者であり続ける

堀江　――サンフレッチェが地道に続けてきた地域貢献活動によって、子どもたちのサッカー人口だとか、育成面での成功みたいなところは、手応えとして感じているということですよね？

森保　――そうですね。クラブと地域の指導者が協力関係を築きながら、広島の少年サッカーのレベルを上げてくれているところは大いにあるし、それを間違いなくトップチームに繋げてくれていると思います。僕もこれまでベガルタ仙台、京都サンガF.C.、アルビレックス新潟と、選手や指導者として仕事をさせてもらいましたが、客観的に見ても一番、地域とクラブがいい関係を築いているのもサンフレッチェだと思いますしね。というのも、例えば、他の地域だと、地域トレセンでJリーグの関係者がコーチに入れずに、地域の指導者や学校の部活動の先生がやるみたいな決まりがあったり、その両者に溝があったりもするんですけど、広島はそこも一緒に、お互いが情報交換しながらやっていますからね。

堀江　――なぜ、他の地域はできていないのですか。

森保　――地域のクラブの人にしてみれば、Jクラブはあとから出てきたものですからね。Jリーグができるもっと前からサッカーに携わり、サッカーの発展に尽力してきた方もおられるわけで、そことの兼ね合いがなかなかうまくいかないのかな、と。ただ僕としては、注目度としてはJクラブの方が上であったとしても、もっとどんどん地域のクラブや学校の部活動、少年団のところに入っていくべきなんじゃないかと感じています。もちろん、僕もそれぞれの地域のことを、何から何まで把握している訳ではないので、一概には言えないですが、せっかく同じ『サッカー』をしているんですから。お互いがいい関係を築いて、もっと繋がりを強くしていけばサッカーそのものの発展にも結びついていくはずなので。

堀江――そういった連携がとれれば、試合の日がかぶるようなことも減るかも知れないですしね。ユースと高校サッカーの壁もきっと、そういうことですよね。

森保――だと思います。僕にしてみれば、全部、同じ年代なんだから、一緒にやればいいいと思いますし、最近は高円宮杯U－18サッカーリーグといって、Jのクラブ、地域のクラブチーム、高体連のチームの3つが一緒に出場できる大会ができましたけど、なんだかんだいって高校サッカー選手権がいちばん注目されていますからね。

堀江――それも実は簡単な話で、Jクラブのアカデミーチームに所属する選手って、学校の同級生とかがあまり応援に来ないじゃないですか？　自分の高校なら応援しやすいけど、Ｊクラブのアカデミーチームのファンになるってあまり現実的じゃない。めちゃめちゃサッカーが好きな子だったら別かもしれないですけどね。しかもＪクラブのアカデミーでプレーする子たちって学校が終われば、さっさと帰っちゃう訳で、下手したら、その子がサッカーをしていることすら同級生に知られていない可能性もある。そう考えてもやっぱり学校の部活動の方が盛り上がりやすいし、共感しやすいんだと思います。

森保　そこは、メディア側のコントロールもあるんじゃないですか。

堀江　確かにそれもゼロではないんですが、でも、メディアのコントロール以上に、やっぱり同級生が応援に行くという単純なことがうまく広まれれば面白いんじゃないかと思うんです。つまり…僕は常に極端なことを言うのが仕事なので、そう思って聞いてくだされば いいのですが、じゃあ、ユースの高校を作ってしまえばいいんじゃないか、と。例えばサンフレッチェ高校というのを作れば、必然的に同級生は応援にも熱が入る。今の時代、私立高校も少子化で経営難のところが多いから、乗ってくる高校は１つくらいあるんじゃないかと思うんですけどね。広島県内にサンフレッチェ高校を作って、そこにはユースの子が通っていて、高校選手権にも出るっていう（笑）。

森保　発想がすごいですね！

堀江　認められるかどうかは別として、僕はこれをやれたら、すごく面白いと思うんです。それに、サンフレッチェ高校に行きたがる人も多いと思いますよ。そうなれば、他府県の高校生も取りやすくなるかもしれないですしね。そこでは、サッカーの才能がある特待生は勉強なんかどうでもよくてサッカーだけやっている、と。あるいは、サッカーは好きだけど正直、センスはないなと思っている人は最初から指導者を目指すコースを選択すればいいし、メディカルドクターやチアリーダーを目指すコースがあってもいい。スポーツチームの経営論みたいなのを学ぶコースでもいいですしね。要は総合的にプロスポーツビジネスに関わる人材を育てる高校があってもいいんじゃないのかな、と。むしろそのあたりは、これから求められるスキルだと思います。

森保　スペシャリストを育てる場所というのは、僕も賛成です。というのも、日本ってどうしても文武両道を求めるじゃないですか。もちろん教育は受けた方がいいと思いますし、受けなければいけないと思います。でも、プロスポーツで飯を食っていこうとか、成功しようという選手って、言わば、怪物なわけですよ。そういう子たちは無理に学校の勉強を押し付けるより、実は練習に力を入れた方がもっと伸びると思うんです。それは他のジャンルも同じで、秀でて得意なものがあるのなら、それをより伸ばすための場所があってもいい。そうなれば、例えば選手にしても、もっと個性的でスペシャルな、怪物みたいな選手が日本のスポーツ界にも出てくるんじゃないかと思うんです。今のプロ野球でいうところの、中田翔（北海道日本ハムファイターズ）みたいな選手ですよね。あんなにも個性のある、スペシャルな怪物選手が…野球マンガの『あぶさん』に出てきそうな選手がサッカー界にも出てくるようになったら面白いですね。

今、サンフレッチェのアカデミーに所属する選手たちは、学校はどうしているんですか？　ユースの選手が必ず通う高校とかあるんですか？

そうですね。ユースチームに加入する選手は、毛利元就の里である安芸高田市の吉田高校という公立高校を受験してもらい、全寮制のユース寮で生活をしながら、吉田高校に通い、学校が終われば、すぐに練習ができるという環境を整えています。大抵のクラブは、それぞれの選手がいろんな学校に通っていて、授業が終わってから集まってくるので、18時半から練習が始まって20時半に終わり、帰宅したら22〜23時になるような生活をしていると思うんですが、吉田高校は授業が終わって、16時半くらいには練習を始められますし、19時には練習が終わる。で、寮もすぐ近くなので、トレーニングしたあとにすぐに栄養を摂れるし休養もとれます。そういう意味では、『トレーニング、栄養、休養』というバランスのとれた、コンディショニング面でもいい環境が整えられていると思います。

堀江――でも、将来的なことを考えるなら、やはり高校を作るのがいいんじゃないですか？

森保――僕も堀江さんの話を聞いて、それが一番いいんじゃないかと思いました。すぐにできることではないかもしれないけど、発想としてはすごく面白い。この間、クラブワールドカップで来日していたリーベルもスタジアム内に学校や寮を作って、その近くで練習をさせていると聞きますし、そういうクラブが日本に出て来てもいいと思います。

堀江――でもこういうことを主張し続けていくためには、やっぱりチームも勝ち続けなければいけないじゃないですか？　正直、弱小チームでは物を言えないということも出てくるでしょうしね。その部分の秘策を少しお伺いしたいのですが。というのも、先ほどの話じゃないですが、森保さんは与えられた戦力の中でよく結果を出されているなと思うんです。サッカーって、ものすごく微妙な戦術や戦力の差が結果を左右するじゃないですか。ゴルフに例えるなら、ボギーとパーの違いというのかな。パー4なら4でも、3・5でもパーじゃないですか？　要はバーディにならないパーもあるし、ボギーにならない4のパーもある、と。なんかそれにすごく似ていると思うんです。実力の差はすごくあるんだけど、結局、最後はちょっとしたことでバーディにもなるし、パーにもなるし、ボギーにもなるみたいな。しかもわずか1点、2点の差で決着が付くスポーツなわけですよね。

森保　だから、ジャイアントキリングが一番起こりやすい競技なんだと思います。

堀江　そうですよね。だからこそ、そこに何かしらの秘策があるのかな、なんて勝手に想像していたんですけど。だってサンフレッチェって予算的に言うと、ジャイアントキリングをする方のグループに入ってもおかしくないチームですよね。

森保　チャンピオンになった今でも、我々は常にジャイアントキリングを起こそうという気持ちで目の前の試合に臨んでいますけどね。順位としては上になっても、そのメンタルはずっと忘れていないというか…チャンピオンで、王者ではあるんですが、挑戦者であり続ける、と。実はこれが本当に難しいのですが、でも気持ちの部分では常にそういうことを求めています。

堀江――選手の皆さんもそれを共有しているということですか。

森保――そうだと思います。もちろんそれは、そうなるように僕から促していることでもありますけど。

堀江――でも大抵の場合、優勝すると慢心しませんか？　俺たちは強いんだって錯覚してしまう。そこのところのコントロールは、優勝する度に主力選手が抜かれてしまっていることも巧く作用しているのでしょうか。

森保――それは、あると思います。実際、引き抜きによって危機感が生まれていますしね。「あいつがいなくなって、どうしよう」ということにはならないですが、また1からチームを作り直しになるな、ってことは選手もおそらく感じていると思います。年間を通した戦いになれば主力はある程度固定しますし、そうなれば『あ・うん』の呼吸もできあがっているところがありますが、人が抜ければ、またそれを構築しなければいけませんから。特にサッカーはその『あ・うん』の呼吸がすごく大切というか、『あ・うん』の呼吸がちょっと合わないところの隙を突かれて失点するとか、逆にそこを突いて点を取るというスポーツですからね。だからこそ、心はデータには表れないとはいえ、そういった気持ちの繋がり、心の繋がりの部分で、選手が抜けたことによる危機感が生まれたり、メンタル的にもいい緊張感が芽生えたり、ということはあるかもしれません。

堀江――監督としては、戦力を抜かれてまた1からチームを作ることをどんな風に受け止めているんですか？

森保――もちろん、本当は予算規模をもっと大きくしてもらって、選手が留まってくれるような報酬を払えるようになればいいなとは思いますが、選手が移籍をするのって報酬だけが目的とは限らないですからね。うちの場合、浦和に移籍している選手が多いですが、浦和なら、専用スタジアムがあって、熱烈なサポーターがいる、と。実際、対戦相手としてあのスタジアムに乗り込めばすごいプレッシャーを受けながら試合をすることになるわけで…そういうのを体感して、「こういう声援を受けて、サッカー専用スタジアムでプレーしたい」と思って移籍している選手もいるかもしれないですからね。サンフレッチェにいたらメディアの方にもなかなか取り上げてもらえないけど、関東のクラブなら一瞬にしてスーパースターとして注目を集めるかもしれないですしね。そこはもう本人の価値観なので、僕にはどうすることもできないし、世界のサッカーを見ても、地方から首都圏のビッグクラブへ移籍する流れというのはある意味自然なことでもあるので、僕はただ、その現状を受け入れて、毎年与えられた戦力でチームを作る、ということしか考えていないです。

堀江――だけどJリーグはいずれ、プレミアリーグ的なものを作ると思うんです。そうなると…さっきもお話ししたように広島は入るか、入らないかのところにいて…でも結局は入ると思うんですけど、そこに入ったときに、ずっと挑戦者として挑み続けているサンフレッチェの良さがどうなるのかは、正直、気になります。例えば、ＳｏｆｔＢａｎｋが5年で１０００億みたいな契約をするとなったら当然、Ｊ１クラブにも傾斜配分される訳で、年間７００〜８００億円くらいは収入として見込める時代が来るかもしれない。そうなれば８００億のうち、強化資金として50億を使いましょう、みたいな話もでてきますよね。

森保――いいですね〜。夢がある話で（笑）。

堀江――でも、そうなったときに広島のようなクラブはどうなるのかな、と。だって、それって今で言う中国の広州恒大みたいなものじゃないですか？マンガみたいにお金に物を言わせて、選手をバンバン獲得していますよね。

森保――あそこの予算規模は、うちの約20倍だったはずですよ。確か、去年のクラブワールドカップを戦ったときも500億超えだったはずで…ヨーロッパのビッグクラブより多いくらいでしたから。それに対してサンフレッチェは確か、30億ちょっとなので。実際、中国は秋・春制で、日本とはシーズンが違うんですが、オフの間に動いたお金は世界で一番、多かったそうです。

堀江――で、僕が何を言いたいのかと言えば、そういうお金がサンフレッチェに生まれるようになっても、今まで培ってきた、ハングリー精神というか、挑戦者としての精神を失わないようにできるかということです。いかがですか？

森保――できると思います。やっぱりみんな勝ちたいと思っているので。先ほど、選手が抜けて危機感や緊張感が、って話をしましたけど、今、うちにいる選手たちは優勝争いをしないと満足できないと思っているはずですからね。優勝を経験してその喜びを知ったり、優勝までの町の盛り上がりとか、優勝してからの町の盛り上がり、サンフレッチェを応援してくださる方々をどれだけ笑顔にできるのかというのは、みんなが感じ取っているはずですから。それがあるからこそ、例えば予算規模が増えたとしても、タイトルへの欲は変わらないはずだし、だからこそ挑戦者としての精神で挑み続けてくれると思います。

仲間意識が、やる気を促す

堀江　そういうチームをまとめあげる上で、監督としてのこだわりというか、上に立つ人間として心掛けていることはありますか。

森保　これは誰かを参考にしたというより、自分だけの考えですが、『みんなで頑張ろうよ』という雰囲気を作りたいな、と。もちろん目標設定はするし、方向性は示さなければいけないと思っていますが、その中で「俺について来こい！」ではなくて「仲間としてみんなでやっていこう」という思いを大事にしています。せっかく1つのことに取り組むなら、みんなでコミュニケーションをとって、協力しあってやっていこうと。

堀江――今の言葉を聞いて浮かんだのですが、佐々木圭一さんの『伝え方が9割』（ダイヤモンド社）という書籍はご存知ですか？

森保――いえ、知りません。

堀江――おそらく、いま100万部くらい売れているベストセラーなんですが、その本の中に「伝え方のレシピ」というのがあって、実はいまおっしゃったようなことが書かれているんです。その中のチームワーク化というレシピなんですが、リーダーが「これは大きな仕事だから甘くはない。だから、全員の力を貸してほしい。一緒に頑張ろう」と言うとうまくいく、と。「一緒に」という言葉はマジックワードです、と。そう言ってもらえること自体が嬉しいし、人はそう言われると誘いに乗りたくなるそうなんです。佐々木さんは「人は頑張ってくれと言われるとどこか負担に感じますが、一緒に頑張ろうと言われると、やる気を出しやすいのです」とも書かれていますが、今の話を聞いていると森保さんはそれを自然に実践されているんだと思います。で、どうなんでしょうか。そう

森保

やって選手に投げかければ、選手はこちらを向いてくれますか？

もちろん、チームには必ず競争が生まれますし、最初にもお話ししたように僕は選手には序列もつけなければいけないと思っているんです。ただ、その序列っていつでも変わるものですからね。1年を通してみれば、試合に思うように絡めない選手というのは必ず出てくるけれど、どんなときもチームの一員であることを忘れずにみんなで一緒に戦おうということは伝えます。今年のスタートにあたっても「契約をして、縁あって同じチームで1年間一緒に仕事をする仲間であることを忘れずに、みんなでやっていこう。いいときも悪いときも、個人的には試合に出られるときも、出られないときも、いろんなことが起きるとは思うけど、その縁を大切にやっていこう」ということと「ただ、もし自分の状況が悪くなったり、試合に出られないとなれば不平不満、ストレスは間違いなく生まれるはずだ。全員がハッピーな気持ちで1年を過ごせることはないだろう。でも、僕はそれでもこのチームでやっていくと決めた限りは、決意を持って取り組んでほしいし、それができないと思うのなら、強化部長に話して、次の違うチームで頑張りますと言ってもらって構わない」ということは言いました。あとは「1人ひとりの商品価値をあげることを忘れずにやっていこう」ということですね。だって、1人のプロサッカー選手として自分の商品価値さえ高めて、磨いていれば、たとえサンフレッチェで成功しなかったとしても、シーズンが終わったときにはまたプレーできる場を与えてもらえるようなオファーが届くかもしれないですからね。だからこそ、常に1人ひとりが自分の成長を実感できるような日々の過ごし方をしてほしい、ということを事あるごとに選手に投げかけています。

堀江　そういうことを伝える際に、ピッチのリーダーであるチームキャプテンなどに何かを強く訴えることもされますか。

森保　それもします。ただ、キャプテンは据えていますけど、僕の中では選手全員が「自分がキャプテンだ」と言えるくらいの意識を持った、自立した集団にならなければいけないという考えがありますからね。これは、ラグビー日本代表のヘッドコーチをされていた、エディー・ジョーンズさんも言われていたのですが、彼は「自分の仕事をなくすことが自分の仕事だ」ということを話されていて。僕もその言葉にすごく共感したんです。というのも、サッカーって試合が始まれば、監督がいちいち止めて何かを伝えたりするような時間は与えられていませんからね。だからこそ、監督が何も言わなくてもやれる集団というか、自分たちで問題を解決することができたり、修正する能力を身に付けさせることが、すごく大切だと思っています。

堀江　試合中に監督がコントロールできることは殆どないんですか?

森保　できないですね。もちろん誰かがケガをして治療のために少し試合が止まったときに、ちょこちょこっと伝えるくらいのことはできますよ。でも、ハーフタイム以外でゆっくり指示を与えられるようなことはまずないですから。試合中に必死に何かを伝えようとしても、例えば浦和の埼玉スタジアムのようにサポーターの熱気で声が届かないということだってあると考えれば、試合中は自分が大きく変えられることは殆どないと思っています。

堀江　45分間はプログラミングしたことに対して、ほぼ自動的に動いていて、「ここは動いているな」「ここはミスったな」と思って見ているしかない、と?

森保　そうですね。でも、選手はどこが悪いか分かっていると思うんです。ただそれをどう修正するのか…メンタル的なところも含めて、声なのか、コミュニケーションなのか、その方法はいろいろありますけど、いずれにしてもそれをピッチで修正できる、修正能力のある選手が多い方が、チームは間違いなく強くなると思います。いや、僕もそうは言っても、いつも叫んでいるんですよ。叫んでいるんですけど、ほぼ自己満足だと思います（笑）。

堀江——ベンチに近いサイドならまだしも、逆サイドなんて、相当、離れていますからね。

森保——その通りです。だから選手には、ほぼ聞こえてないと自覚していますが、自己満足で言い続けています（笑）。もっとも、試合を迎えるまでは当然、前の試合の反省をもとに、いろんなことを修正したり、対戦相手をイメージしてこうしよう、というようなゲームプランは立てるんですよ。攻撃でも守備でも、選手を止めながら確認することもありますしね。でも、基本的にサッカーの試合って止まって考えられる時間が、それこそ45分間、ほぼないと思った方がいいですからね。だからこそ、普段の練習から、こちらがポイントを伝えるということだけではなくて、選手に投げかけて、問いかけて「今のシーンは何が悪かったの？」「これは良かったよね」と話をしながらやったりもします。そうすると、それぞれに選手が考え始めるし、放っておいても3人くらいの選手がコミュニケーシヨンをとりながらプレーするようになりますからね。そうやってできる限り、選手が自分たちで問題解決できるように、修正していけるように、ということは普段から心掛けています。これは僕だけではなく、いろんな監督さんもされているとは思いますが。

堀江――そういった監督のメソッドみたいなものは他の監督さんと、共有されることもあるんですか。

森保――基本は、あまり話さないことの方が多いです。もちろん、聞かれたら答えますけどね。

堀江――例えば料理屋さんのシェフって、他の飯屋に食事に行って「これは旨そうだから、写真を撮って帰ろう」みたいなことをするじゃないですか？ 監督業はそういうことにはならないんでしょうか。「この監督のやっていることはすごいから、自分にも取り入れよう」みたいな。

森保――表面上は見させてもらうこともありますし、ガンバ大阪の監督をされている長谷川健太さんとは、試合後に「あのシーンはどうだった」みたいなことを話すことはありますけど、基本は殆どしないですね。

堀江――練習方法を学ぶとかもないですか？

森保――見に行くことはないですね。これは物理的に無理だというのもありますけど。だいたい練習時間はどのチームも同じなので。ただ、S級ライセンスの研修を受講されている方は、海外で1チーム、国内で1チーム、必ずどこかのチームで実地研修を受けなければいけないという決まりがありますからね。そのときにうちに来て下さる方はいらっしゃいますし、采配のことを聞かれることもあります。でも、僕にしたら、正直、采配といってても順番通りにやっているだけなんですよね。練習をみて、序列をだいたい作って、スタメンを決めて、ゲーム中は「この選手が少し落ちてきたから、練習で良かったこの選手を使おう」とか。練習で調子の悪かった選手を起用することはまずないので。でも、そういう普通のことを正しく判断できることが采配には必要だと思います。あと、メンバーも僕の考えで決めてはいるんですが、所属する30人の選手が全員納得する采配ってまずないと思うんです。選手はみんな自分が試合に出たいと思っているはずですしね。でも「こいつがメンバーに入るのなら仕方ないな」と思わせるような選手を選びたいというか。極端な話、選手間で多数決を取ったとしてもほぼ違いが出ないような選び方はしようと思っています。

堀江　他のチームは、それをしていないんですか。

森保――それは分からないですが、でも他の監督さんの采配を見ていて「これは僕には絶対にできないな」と思うことはあります。その1つが、Jリーグの強化指定選手（特別指定選手）の起用ですね。高校生や大学生でJリーグの強化指定選手に認定された選手は、学生でありながらプロのチームで登録して、Jリーグの試合に出場できるという制度があるんですね。監督によってはその選手をポンと試合に出したりするんですけど、僕にはあれができない。ある日、ポンとチームに加わって、2〜3日だけ一緒に練習して、週末の試合に出るとなったら他の選手はどう思うんだろう、と。そこを考えればこそ、絶対に使えないな、と。でも、それをポンと使ってしまえる監督さんもいるんです。

堀江――それはその選手の能力がすごく高いからでもあるんでしょうね。

森保――だと思います。去年、横浜F・マリノスの強化指定選手になった関東学院大学の富樫敬真選手も、そのシステムで試合に出て、点を取ったりしましたからね。それは堀江さんのおっしゃるように能力が高いから強化指定にもなり、点も取ったんだと思うんですけど、他の選手が納得できるかということを考えると僕はどうしてもそういう選手を使うことができない。僕の場合、常に選手を選ぶときに、戦術にしても「勝つ確率をあげるためのことをやる」ということを意識しているのですが、だからこそ、そういう…言い方は悪いですが博打のようなことはできないんだと思います。だから監督によっては、対戦相手に応じてシステムを3－4－3から4－4－2に変えるとか、4－3－3に変えるということもなかなかできない。もちろん監督としてそういう引き出しは持っておくべきだと思うんですが、サッカーって『あ・うん』の呼吸で動く、繋がるスポーツなだけに、それを変えるだけで微妙にいろんなことがずれてきますからね。選手が迷うだけじゃないかと思うだけに、基本はやっぱり変えない。変えないながらも、対戦相手に応じて、形を少し変化させるということはしますけど、でも僕の中では同じ形でずっとやった方が勝つ確率は高くなると思っています。ただ、あまりにも力の差があり過ぎて、これはまずいな、って思うときは変えますけど（笑）。

堀江　相手チームが強すぎて、戦い方を考えないとボロカスにやられてしまうとか、そういうことですか？

森保　そうです。例えば2014年のAFCチャンピオンズリーグの北京国安（中国）戦なんかは、自分たちのウィークポイントを突いてこようとするポジションにものすごい外国籍選手を置いてきましたからね。それを見たときに、普段ならうちのサイドの選手はすごく高い位置にポジションをとるんですが、そのまま臨めばどう考えてもやられてしまう、と。それもあって、ここは守備重視でいこう、という采配に変えたりもしましたが、それでも、システムを変える訳ではなくて、ポジショニングを変えただけでしたから。でも、そういう采配がいいのかどうかは未だに答えはないです。S級ライセンス研修で学んだような、指導をする上での『基本』はあるんだろうけど、でも、それも指導者によっては多少変化しますしね。だから、他の人の采配を見て、真似ても意味がない、ということになるのかもしれません。

部下の才能を見出し、引き出す技術

堀江――話を戻しますが、森保さんはS級の研修はどこに行かれたんですか。

森保　海外はアーセナルＦＣ（イングランド）で、日本はサンフレッチェです。基本的に、自分が所属しているチームでの研修はダメなんですが、当時は僕はトップチームには所属していなかったし、日本サッカー協会の方でアンダー世代のコーチをしたり、地域トレセンのコーチをしたりしていたので、認めていただいてサンフレッチェでやりました。

堀江　研修に来る人たちって、ずっと監督に寄り添って、練習方法についてなど、いろいろと質問をしてくるんですか？

森保　そうですね。僕は基本的に隠すことは何もないので、ミーティングから全部入ってもらっていいですよ、ということにしていますが、選手にだけはあまり近づかないようにしてもらっています。というのも、選手は空気が変わることにすごく敏感なので。新しい人が入ってきただけでも空気が少し変わるのに、練習中に話し掛けられたりするようなことがあると集中できないだろうな、と。それ以外は、コーチルームにも入ってきてもらいますし、基本はオープンです。

堀江　でも、そうやってメソッドを学んだとしても、差がでるというのは、結局、先ほどお話しした「伝え方」の問題なんでしょうね。

森保　僕は、自分の伝え方がうまいとは思っていないですけどね（笑）。

堀江　いや、うまくないのに結果が出るはずがないと思います。もちろん、森保さんは「これは『伝え方が9割』に書いてあるチームワーク化というレシピだ」と意識してされている訳ではないことは承知ですが、実際にこれができている人ってすごく少ないんです。「一緒に頑張ろう」と投げかけることがいかに大事かということに気づいて実践している人は、むしろ殆どいないはずです。ただ、結果的に森保さんはそれが自然にできていた、と。そういうことの積み重ねが実は優勝を導いていたんだと僕は思います。先ほど、サッカーはものすごく微妙な戦術や戦力の差が結果を左右するっていう話をゴルフに例えたじゃないですか？　あれはなぜかと言えば、ゴルフもメンタルだと思うんです。平均スコアで4・4のパーを取っている人が、ゾーンに入った途端に3・5の人みたいになっちゃうわけですよ。そこにはものすごくメンタルが影響していると思うんです。実際『イップス』（編集部注：精神的な原因により動作に支障をきたしたり、思い通りのプレーができなくなる運動障害）という言葉だってゴルフから生まれた言葉ですしね。でもその『イップス』ももっといろんなところで起きるらしいんです。

森保　だと思います。サッカーや野球でも絶対あると思いますよ。

堀江　ですよね。僕が最近、知ったのはプロの歌手でも『イップス』になることがあるらしくて、あるとき急に声帯のバランスが狂って、声が出なくなってしまうことがあるそうです。サッカーもさっきジャイアントキリングが起きやすいスポーツだと言いましたが、それってメンタル的なことが多分に影響を及ぼすからだと思うんです。そう考えると、森保さんがされていることは、意識してやっていることではないにしても、必然的に勝利を呼び起こす作業をしているのかもしれません。

森保　いつも反省するのは、僕って自分がやることに対して『タイトル』が整理されてないんです。先ほど『チームワーク化のレシピ』という言葉がありましたが、僕にはそうやって何かを伝えようとするときの『タイトル』が明確になっていない。だから、監督に就任して4年で3回優勝することはできましたけど、何となくやっていることが多過ぎて、これがあったから優勝した、という確固たるものが全く整理されていないんだと思います。

堀江　それはもったいないですね。だって、それをちゃんと理論化していけば、間違いなくすごく面白い、スポーツマネジメントの大きなテキストになると思います。実際、研修に来ている人たちだって「見て学んでください」と言ったところで、そこに気づかない、見えていない人が殆どですからね。だから見て学んだところで、同じ結果を導くことはできない。それはその人たちの問題ですけど、森保さんはせっかくご自身が気づいて…というか何の気なしにそれがやれているんだから、あとはそれを言語化していくことをされたらいいと思います。そうすれば、よりいろんなことが整理されていくはずですから。

森保　それができて初めて、いろんな人に自分の言葉や思いが伝わるはずですしね。

堀江　思いを伝えるのもそうだし、分かりやすく言語化することで、受け入れる方も森保さんのメソッドがスッと入ってくるようになると思います。実はそれって僕もいま、すごく意識していることのひとつなんです。というのも、僕はいま、メールマガジンの中でQ&Aのコーナーを設けているんですね。毎週、何十問かの質問をピックアップして、僕が答えるんですが、そこでどうすれば正しく伝わるのかを考えて書いていると、ふと、このメソッドはこう伝えれば分かるんだろうな、というのが見えてくるんです。つい先日もイベントである質問をされたんです。「僕はいま大学3年生ですが人生が楽しくないです。何も楽しいことが見つからないから、何のために生きているのかも分かりません。堀江さんは何のために生きているんですか?」と。

森保――面白い質問ですね。どう答えたのですか?

堀江――僕は別になんのためにも生きていない。なぜなら今が楽しいから、そんなくだらないことを考えている暇はない、と答えた上で、本人に問いかけたんです。「あなたがなぜそう思うのか分かりませんが、今まで人生を一度たりとも楽しいと思ったことがない人って滅多にいません。あなただって面白いと思ったことはあるはずです」と。そうしたら僕は人を笑わせるのが好きだ、という答えのあとに「僕はアイデアを考えて人に言うのも好きだ」と。で、その言葉をもっと掘り下げていくと「人を批判するのも好きです」と言いだしたりしたんですが、その上で興味のあることとして、お笑い芸人やマーケティング企画をする人、政治家という職業がいくつかでてきたんです。でも周りから「お前、そんな程度でR―1ぐらんぷりに出たりできないよ」的なことをポロッと言われて、それがすごく心の中に引っ掛かって、身の丈にあった暮らしをしなきゃ、みたいになってしまった、と。要は、お笑いを自分が目指すのはおこがましい、みたいなマインドになっちゃっていたんですね。だから、今から壇上にあがって何かネタをやってみろ、と言ってネタをやらせたんです。そうしたら、空き地で『ドラえもんとのび太が遊んでいるときに、たまたま通りがかったジャイアンの真似』っていうネタをやったんですけど、そこそこ面白かったんです。新しいジャイアンの声だったんで、ちょっとピンとこなかったんですけど(笑)。

森保――リミッターを外してあげる作業がうまいですね!

堀江――だって、僕もいろんなお笑い芸人さんを知っていますけど、大して面白くないじゃないですか。クラスにいたら一番の人気者にはなれるだろうけど、だからといって、そこまでずば抜けているかと言えばそうではないし、一般人とそんなに大きな差がある訳でもない。要は、なんか1つでも面白いネタを思い付いてポンと伸びたら、一流になれる可能性は全然あると思うんです。それに、彼がもしお笑い芸人になることに失敗したところで無駄にはならないというか、5年、10年とお笑い芸人を目指した経験は、きっとまた別のところで役に立ってくるはずなんですよ。でもそんな風に考えられないから、先には進めない。

森保――指導者もそういうところはありますよね。選手がそれぞれに持っている特徴は違って、スペシャルな部分があって、それをいかに発揮させてあ堀江――げるかというか、さっき堀江さんが話されたようなリミッターを外す作業をできるかというのはすごく大事になってくると思います。
ただ、こういう話をするとメンタル論を話しているように思われがちなんですけど、実はこれってリーダーとしてのテクニックなんですよね。『みんなと一緒に頑張ろう』というのも、気持ちの話ではなく、いわば、指導者のテクニックですから。要は囲碁でいうところの定石みたいなものです。

森保――堀江さんってこうして話していても、すごく言葉が整理されていて、キーワードがタイトルとして浮かんでくるような伝え方をされていますが、それに比べると僕は整理が下手というか…根性論だけで、気合いだけでやっているような人間だなと思い知らされます。

堀江――そうおっしゃいますけど、それだけでうまくいくはずは絶対にありません。細かく森保さんをサンプリングしていけば、これはこういうことだ、という答えが絶対に出てくると思います。森保さんのことをずっと取材している人とかっていないんですか？

森保――テレビ番組でいま密着で追い掛けてもらっていますけど…。

堀江――そういうところではまず分からないです。どちらかというと感動ものに仕立て上げられてしまうから（笑）。

森保――そういう意味ではこういう取材は自分のことを確かめる上ですごくありがたいです。いろんなことを気づかせてもらえますしね。おかげで自分の中で漠然としていたものが、少しタイトル化されたように思います。

堀江――S級ライセンスでの研修でも座学の時間はあるという話だし、そこでもある程度、ベーシックな部分はみんなが同じように学んでいると思うんです。だから、そこでは差が付きにくいと思うんですが、そのあとの独自の工夫みたいなところが言語化されて、より共有されるようなものになっていけば、Jリーグ全体を良くしていくという意味でもいいことだと思います。つまりサンフレッチェが基準になって、サンフレッチェ標準でJリーグは進んでいくよ、ということになれば全体のレベルが上がって、さらに切磋琢磨することで新しいメソッドが出てくるかもしれないですしね。

森保――サンフレッチェの経営規模で結果を出せただけに、もっと経営規模が大きなチームがそれをベースにやればもっと大きな結果を得られるかもしれないですしね。

堀江――そうするとまた、監督はさらにそれを超える努力をしなければいけなくなりますね。

森保　大変ですね（笑）。

堀江　大変ですけど、僕は基本的にそういう派というか。自分のノウハウってできるだけみんなに、広くあまねく知ってもらいたいと思っているタイプなので。なぜかと言えば、さらに自分がレベルアップしたいからです。でも、講演会などを通して、ノウハウをどれだけ伝えても、実践している人はおそらく5%未満だと思います。あの手この手でやらせようとしても、なかなか人って動かない。

森保　それはなぜだと思いますか。

堀江　言い訳でしょうね。実際、皆さんはできない言い訳をいろいろとされますが、結局はやりたくないんだと思います。だから、言い訳に逃げる。でも究極的に言うと、それってやりたくないということだと思います。とはいえ、それをやる気にさせるのもこちらの仕事なので、あれやこれやと言うんですが、やっぱり時間がかかってしまう。その部分をスピードアップさせるにはどうしたらいいのか、ということについては正直、なかなかいい方法が思い付かないのが現状です。選手はどうですか？　できないことに対して言い訳はしませんか？

森保　プロサッカー選手というのは特殊で、チームで、組織で動くとはいえ、ある意味、個人経営者的なところもありますからね。会社員ならば、できないということが許されても、サッカー選手の場合はそのときはそれで飯を食えても翌年の契約はないですから。もちろん、違うチームに行くという選択をできる選手もいますけど。だからこそ、選手それぞれの長所と短所は常に整理して、今の立ち位置をはっきりさせておくということはしています。試合に出られないから腐るというのならそれでいいし、言い訳をするのもいいけど、君には長所も短所もあって、この長所で勝負しないとプロの世界では通用しないよ、ということを伝えるのは僕の仕事だと思っているので。ただ、プロになる選手って野球で言うところの『エースで4番』のような選手ばかりですからね。お山の大将ばかりが揃うんだからそこを理解させるのは難しかったりもするんですよ。でも、だからこそ序列を伝えてあげることは大事だと思うんです。「腐る気持ちも分からないではないけど現状、今の君の序列は30人中、30番だ」と。それを伝えた上で努力するか、しないかは本人次第だと思います。

堀江　そういう話を聞いても、やっぱりプロスポーツの世界ってものすごく厳しいし難しいと思うんです。さきほど経営者はバカでもできるって言いましたけど、間違いなくプロスポーツ選手になるより経営者になる方が簡単ですからね。しかも経営者なら年をとってからでもできますしね。年をとってからでもできるって、見方を変えれば、緩いからできるっていうことですから。僕自身はプロスポーツ選手のような経営者ばかりの世界になれば理想だと思うんですけど、マーケットが大き過ぎるから競争も緩い。それでは成長はないと思うんですけどね。

森保　でもそこで、成功できるかどうかは本人次第じゃないですか。

堀江　はい。でも緩いから少し違うアイデアを持って乗り込めば、簡単に成功できちゃう世界とも言えます（笑）。どうなんですか、今年でサンフレッチェの監督をされて5年目でチームの成長とか変化って、明確に目に見えるものなんですか？

森保　どうでしょうか。サッカーは数字で判断できることがなかなかないので難しいですが、イエローカードの数は明らかに減ったので、それはより安定して試合を進める確率を上げるために、すごく大切なところかなとは思っています。

堀江　どのくらい減ったんですか？

森保

僕がサンフレッチェの監督に就任した2012年を振り返ると、特に負けている試合は、すごくイエローカードが多いんです。具体的な数字は分からないんですが、ちょっとうまくいかなくなると、ボールを投げつけたり、審判に文句を言ったり。例えば0−1で負けている試合があったとして、そのままの戦い方をしていれば最後に追い付けたり逆転できるような展開でも、少し相手を見下しているような態度をとる選手がいたり、先制点を許すとみんながイライラし始めて、審判に文句を言ってイエローカードが立て続けに出されたり、ということもありましたしね。で、結局追い付けずに負けてしまう、と。でも勝っている試合は、イエローカードが少ない。だから、あるときそのことを選手たちに伝えて「この精神状態をどう思う？」って話をしたんです。それをなくせば100％勝てるという保証があるわけじゃないけど、でも自分たちが勝つ確率を上げるためには、互いにメンタルをコントロールして戦った方が結果に繋がるんじゃないか、と。それを『イエローカードの数』で示したら、その後からカードがすごく減った。といっても、試合によっては多い試合もあったんですけどね。審判の判定には主観があるし、それに左右されるところもありますしね。でもそういう話をして、選手も理解してくれて、実際にその数が減っていくのとあわせて安定した結果を出せるようになっていった。そういう経験、過程もあるから、うちの選手はたとえ結果を残したとしても相手を見下したり、上から目線になったり、ということが少ないんだと思います。もっともそれも僕の感覚的なものなんですけど。

堀江　Jリーグ全体でも、イエローカードって減っているんですか？

森保　そこは分かりません。ただ、難しいのはアジアに出ると、フェアプレイは通用しないですから（笑）。Jリーグではいま、リスタートに時間を掛けないようにしよう、とか交代のときは走って交代しようということを推奨していますけど、アジアでは全くそういうのは通用しませんからね。勝っていようものならいくらでも時間稼ぎをしてきますし、交代のときだって走って交代したら相手にチャンスを与えるだけだからと、少しでも時間を掛けて外に出ようとしますしね。もちろん、そういうフェアプレイの精神というのは日本独自のもので、それはそれでいいと思うし、それを美学に考えている国民性はあるとは思うんですけど、でもそれがアジアでは通用しない、国際的には通用しないというのは意識した方がいいとは思います。

堀江　僕はACL（ACLチャンピオンズリーグ）って今後、ビジネスとしてはすごく大きくなっていくと思っているんです。これはまた極端な話ですが、10年後、15年後はUEFAチャンピオンズリーグを抜くよ、と。そう言うとみんなに否定されるんですが、僕は結構真面目にそう考えていて。そのくらいいま、アジアのマネーの力は大きいですからね。もちろん、UEFAには歴史や経験値があるのは分かるんですが、今ヨーロッパに行っているお金だって、中東や中国のお金が大半ですからね。それをアジアに持ってこられるようになるというのは、あり得る話だと思います。

森保　ただ、そのときにJリーグが置いていかれていなければいいですが。そこですよね。それについてはチームを作る僕たち監督もクラブも、Jリーグも真摯《しんし》に考えなければいけないと思います。

堀江　そのためにも、市民球場跡地は鉄板です。頑張ってください。

あとがき

かねてから、サッカー界とは何かと繋がりがあった。

きっかけは今もサッカー界のスーパースターとして活躍するカズさんこと、三浦知良さんとの仕事だ。

対談でも話したように、当時はまだ珍しかった選手個人の、つまりカズさん自身のオフィシャルホームページの制作に携わったこともあり、97年に行われたフランスワールドカップ最終予選、『ジョホールバルの歓喜』と呼ばれたイラク戦は、マレーシアのジョホールバルにあるラルキン・スタジアムまで足を運んだし、
その数ヶ月後、フランスワールドカップメンバーが発表され、カズさんが漏れた際には、マネージャー氏を通じてカズさんのコメントをいち早く入手し、オフィシャルホームページにアップした。

当時、あまりのアクセス数の多さにサーバがダウンしたのも今となってはいい思い出だ。

以来、仕事としてはやや遠ざかった時期もあったが、個人的にはサッカー選手と

会う機会に恵まれたり、最近ではサッカー雑誌で連載をさせていただいたり。

15年7月にはJリーグとアドバイザー契約を結んだこともあり、何かと『サッカー』との縁も増えていた中で、今回、それぞれに『色』の違う、5人のサッカー人と対談をする機会に恵まれた。

その依頼にあたっては編集者から
「それぞれのサッカー人生、サッカー観を通じて、サッカーファン以外のビジネスマンや一般の方にも参考になるような対談になれば嬉しい」

という話をされていたが、全ての対談を終えた今、感じているのは、こちらが意図せずとも、彼らの言葉それぞれに、ビジネスや生き方のヒントになるような言葉がたくさん含まれていたのではないかということだ。

もっとも、経営者、これから社会人になろうとしている若者、子どもを育てている親など、受け取る側の読者の立場や視点によっても、その面白さ、響き具合は変わってくるのかも知れない。

いや、敢えてそれぞれのサッカー人に応じてテーマを変えたことを考えれば、それも当たり前のことだが、
例えば、宇佐美貴史さんとの対談で出てきた『バランスのいい生活では『突出』した才能は磨かれない』という話は、子育て中の親にも、教育の現場に立つ人間に

も、学生にも、社会で上司と呼ばれる立場にある人にもあてはまる話だ。

また森保一さんとは『仲間意識が、やる気を促す』という話をしたが、これもビジネスにも、スポーツの世界にも、あらゆるシーンに通じる考え方だと思っている。

また、言うまでもなくアジア戦略やＩＴメディアの活用も今のビジネス界には不可欠な話だろう。

そうした話を、読者の方々それぞれの視点で考え、受け止めてもらうことで、本書が単なるサッカー選手との対談本ではないと理解してもらえれば嬉しい限りだ。

と同時に、本書では僕が近年、日本のサッカー界に感じている課題をもとに様々な提言をさせていただいた。

すでにテレビや各メディアでも話してきたことではあるが、いずれもサッカー界のさらなる発展を願えばこそ、今ならまだその可能性があると考えればこそ、近い将来、それらが実現に近づくことを願っている。

ブンデスリーガやプレミアリーグ、リーガ・エスパニョーラなど『世界3大リーグ』と呼ばれる世界のサッカー界を見渡しても、そこには必ず成功の理由があり、日本のサッカー界もそれを参考にしない手はないのだから。

堀江貴文

なぜ君たちは一流のサッカー人からビジネスを学ばないの?

2016年12月 9 日　初版発行

ブックデザイン　小口翔平+上坊菜々子（tobufune）
構　成　高村美砂
写　真　京介　森裕人　クルマコウジ
カバー写真　PIXTA
校　正　玄冬書林
コーディネート　中谷大祐（株式会社アディス）
取材協力　株式会社ガンバ大阪
株式会社サンフレッチェ広島
株式会社セント・フォース
株式会社BRIDGEs
編　集　有牛亮祐（ワニブックス）

発行者　横内正昭

編集人　青柳有紀

発行所　株式会社ワニブックス
〒150-8482
東京都渋谷区恵比寿4-4-9　えびす大黑ビル
電話　03-5449-2711(代表)
03-5449-2716(編集部)
ワニブックスHP　http://www.wani.co.jp/
WANI BOOKOUT　http://www.wanibookout.com/

印刷所　凸版印刷株式会社
DTP　三協美術
製本所　ナショナル製本

定価はカバーに表示してあります。
落丁本・乱丁本は小社管理部宛にお送りください。送料は小社負担にてお取替えいたします。
ただし、古書店等で購入したものに関してはお取替えできません。

肩書等はすべて当時のものです。

ISBN 978-4-8470-9520-7